AF762059

# Rakht-e-Safar By AzharNaazir ***
# اظہر ناظؔر *** رختِ سفر

Azhar Naazir

Published by Azhar Iqbal, 2024.

RAKHT-E-SAFAR BY AZHARNAAZIR *** رختِ *** اظہر ناظؔر
سفر

**First edition. January 12, 2024.**



ISBN: 979-8224526840

Written by Azhar Naazir.

# Also by Azhar Naazir

Rakht-e-Safar By AzharNaazir *** رختِ سفر *** اظہر ناظؔر

Watch for more at azharnaazir.blogspot.com.

Rakht-e-Safar is dedicated to my loving son Ahmed Waqar

Azhar & family!!!!

I also wish to thank Dr.Samina Irshad & Sabahat for inspiration to write Rakht-e-Safar (2024).

بسم اللہ الرحمٰن الرحیم

# رختِ سفر (کلیات)

اظہر ناظرؔ

# رختِ سفر

## (کلیات)

اظہر ناظَر

رمیل ہاؤس آف پبلی کیشنز

| | | |
|---|---|---|
| نام کتاب | : | رختِ سفر (کلیات) |
| شاعر | : | اظہر ناظر |
| اہتمام | : | ارشد ملک |
| زیرِ نگرانی | : | سید وسیم عباس |
| پروجیکٹ کوارڈینیٹر | : | عادل حسین مغل |
| کمپوزنگ/سرورق | : | خاوری |
| سالِ اشاعت | : | جنوری 2024 |
| تعداد | : | 1000 |
| مطبع | : | فیض الاسلام پرنٹنگ پریس، راولپنڈی |

| | | |
|---|---|---|
| پاکستان | : | 1000 روپے |
| امریکہ | : | 20 ڈالر |
| یورپ | : | 20 یورو |
| برطانیہ | : | 15 پونڈ |


ادارہ ایسی کتب کی اشاعت کرتا ہے جو تحقیق کے لحاظ سے اعلیٰ معیار کی ہوں۔ اشاعتِ کتب کا مقصد کسی کی دل آزاری یا ضرر رسانی نہیں بلکہ اشاعتی دنیا میں ایک جدت پیدا کرنا ہے۔ جب کوئی مصنف کتاب لکھتا ہے تو اس میں اس کی اپنی تحقیق اور اپنے خیالات شامل ہوتے ہیں۔ یہ ضروری نہیں کہ آپ اور ہمارا ادارہ مصنف کے خیالات اور تحقیق سے متفق ہوں۔ اللہ کے فضل و کرم، انسانی طاقت اور بساط کے مطابق کمپوزنگ، طباعت، تصحیح اور جلد سازی میں پوری احتیاط کی گئی ہے۔ بشری تقاضے سے اگر کوئی غلطی رہ گئی ہو تو ازراہِ کرم مطلع فرمائیں۔ ان شاءاللہ اگلے ایڈیشن میں ازالہ کیا جائے گا۔ (ادارہ)


رُمیل ہاؤس آف پبلی کیشنز

اقبال مارکیٹ اقبال روڈ کمیٹی چوک راولپنڈی Ph: 051-5551519

اشرف بک ایجنسی 051-5531610

کمیٹی چوک، اقبال روڈ، راولپنڈی

# انتساب

میری والدہ، بہنوں، اہلیہ نورین اور بیٹے احمد وقار اظہر کی نذر

With Special Thanks to Dr. Samina Irshad & Sabahat
for the inspiration to write Rakht-e-Safar (2024)

# فہرست

# پیشِ لفظ

میں پرستش کی حد سے لوٹا ہوں
اب محبت فضول لگتی ہے

———

حوریں ہلکان ہوئی جاتی ہیں
شیخ آمادہ نہیں مرنے کو

میرے یہ شعر اور دیگر بے شمار مقبولِ عام اشعار دُنیا بھر میں اُردو شاعری کے مداحوں میں میرا تعارف اور حوالہ ہیں۔ میں نے نوے کی دہائی میں گورڈن کالج، راولپنڈی سے انگریزی ادبیات میں ایم اے کیا اور پھر بینکنگ انڈسٹری سے وابستہ رہا۔ اس سے پہلے روزنامہ جنگ میں کچھ عرصہ فاروق اعظم صاحب اور شورش ملک صاحب کے ساتھ بھی کام کیا۔ ۲۰۱۷ میں نیشنل بینک آف پاکستان سے بطور اسسٹنٹ وائس پریزیڈنٹ آپشنل ریٹائرمنٹ لے لی۔ اس سے قبل نیشنل بینک ٹوکیو، جاپان میں بھی عرصہ تین برس بطور ایگزیکٹو تعینات رہا۔ میری اہلیہ نورین بھی سابق قائدین ہیں اور سول سروس ۲۸ کامن کسٹمز گروپ سے وابستہ رہی ہیں۔ جاپان سے قبل آسٹریلیا میں بھی مقیم رہے۔ حال مُقیم پاکستان ہیں۔ میری دلچسپی زمانہ طالبعلمی سے ہی ناول میں تھی اور میں ایک ناول نگار بننا چاہتا تھا۔ مگر جب لکھا تو اُردو شاعری لکھنا شروع کی۔

رختِ سفر میرا شاید پہلا اور آخری باقاعدہ شعری مجموعہ ہے۔ اور ایسا میں اِس کی ضخامت کی وجہ سے بھی کہہ رہا ہوں۔ بالالفاظِ دیگر چونکہ اس میں میرا کم وبیش اب تک کا سارا کام موجود ہے۔

اور اگر میرے بقیدِ حیات ہونے کے دوران یا بعد میں میرے مزید کام کو شائع کرنے کی ضرورت محسوس نہیں ہوتی یا اس کا موقعہ نہیں ملتا تو رختِ سفر کو ہی میری کلیات کا درجہ حاصل ہو جائے گا۔ تاہم فی الوقت بھی میں چاہوں گا کہ رختِ سفر کو ہی میری کُلیات تصور کیا جائے۔ اور اگر بعد میں بھی کوئی قابل ذکر مواد میرے نام سے شائع ہو تو اُسے بھی رختِ سفر کے آخر میں اضافی جگہ دے دی جائے۔

آج کل آن لائن ریڈنگ کے رُجحان اور کاغذ پہ کتاب پبلش کرنے کی لاگت کے پیشِ نظر اس کتاب کو ابتدائی طور پہ میں ایمیزون ای بک پبلشنگ کے پلیٹ فارم سے دُنیا بھر میں اُردو شاعری کا ذوق رکھنے والے قارئین کی نذر کر رہا ہوں۔ گو یہ کتاب سالِ رواں کے آخر میں قارئین کو آن لائن ریڈنگ کے لئے دستیاب ہوگی۔ مگر رختِ سفر کی طباعت کا سال ریکارڈ کے لئے دو ہزار چوبیس (2024) ہی تصور کیا جائے گا۔ اس مجموعے میں سترہ سو سے زائد انفرادی اشعار موجود ہیں۔ کیونکہ میری زیادہ دلچسپی دو مصرعوں کے اشعار کہنے کی جانب ابتدا سے ہی رہی۔ اور بلاشبہ یہ ایک بڑی تعداد ہے۔ اور اِن میں سے چند اِنتہائی مقبول اشعار کی مُناسبت سے میں نے بعد میں غزلیں بھی لکھیں جو میرے اس مجموعے کا حصہ ہیں۔ اس کے علاوہ میری ابتک کی تمام قابل ذکر نظمیں بھی اس مجموعے کا حصہ ہیں۔ جو میں اس کتاب کے توسُط سے دُنیا بھر میں اُردو شاعری پڑھنے اور اس سے لطف اندوز ہونے کی صلاحیت رکھنے والے تمام قارئین اور مداحوں کی نذر کر رہا ہوں۔ اِس اُمید کے ساتھ کہ آپکو اِس کتاب میں موجود بیشتر کلام پسند آئے گا۔ اور آپ کا کتھارسس بھی ہوگا۔

شاعری کی یُوں تو شاید دُنیا بھر میں بہت سی تعریفیں موجود ہیں۔ مگر میرے نزدیک

شاعری آپکی جمالیاتی حِس کی تسکین کے ساتھ ساتھ انتہائی مختصر پیرائے میں بڑی خوبصورتی کے ساتھ اپنے دل کی بات دوسروں تک منتقل کرنے کا ایک مستند اور مؤثر ذریعہ ہے۔ اور یہ ایک آفاقی میڈیم ہے۔

جدید شاعری محض قافیے اور ردیف کی بندش تک ہی محدود نہیں رہی ہے اور صرف گل و بُلبُل ہی اس کے موضوعات نہیں رہے بلکہ آج کا ہر ہر اچھا شعر ہماری اس کائنات کے ازل سے ابد تک پھیلے ہر اُس پہلو کا احاطہ کرتا ہے جہاں تک انسانی تخیل کی پرواز ممکن ہے۔ اور جو کسی بھی طور دلچسپی کا باعث ہوسکتا ہے۔

باقی اچھا بُرا یا چھوٹا بڑا شاعر ہونے کا فیصلہ صرف قاری کے ہاتھ میں ہوتا ہے۔ گو نقاد کا بھی اِسمیں بڑا اہم کردار ہوسکتا ہے مگر بدقسمتی سے فی زمانہ وہ مستند اور غیر جانبدار تنقید اُردو ادب خصوصاً اُردو شاعری کو میسر نہیں ہے۔ اور میرا شروع سے ہی یہ ماننا ہے کہ شاعری کو سمجھنے اور اِس سے محظوظ ہونے کی صلاحیت رکھنے والے قارئین شاعری کو ہم شاعروں سے بھی بہتر سمجھتے ہیں۔ اور یہ سب رونقیں ایسے قارئین کے ہی دم سے ہیں۔

شاعری عطائے ربِ سُخن بھی ہے۔ یہی وجہ ہے کہ کسی کا ایک مصرعہ بھی امر ہو کر ادب کی تاریخ کا درخشندہ ستارہ بن جاتا ہے اور کبھی کسی کا پُورا دیوان اکارت چلا جاتا ہے۔

ریختہ جیسے فورمز بھی شاید اب کمرشل بنیادوں پہ چلنے لگے ہیں۔ اور وہاں بھی اُردو کی پذیرائی پہلے سی نہیں رہی۔ بہر حال یہ سب میرا ذاتی مشاہدہ اور رائے ہے۔

میرے نزدیک دُنیا کا ہر ہر باصلاحیت فنکار تعریف اور ستائش کا حقدار ہے چاہے وہ تخلیق کے حوالے سے شاعری اور پینٹنگ، پرفارمنگ آرٹ، موسیقی یا کسی بھی آرٹ فارم سے وابستہ ہو کر اپنی تمام تر تخلیقی صلاحیتیں برُوئے کار لاتے ہُوئے کُرہ ارض نامی اس سیارے کو پہلے سے زیادہ خوبصورت، حسین اور پُر امن جگہ بنانے کی عملی کاوش کا حصہ ہے۔ اور اِنسانی زندگی کو سمجھنے کے ساتھ ساتھ انسانی شعور کے ارتقاء و بالیدگی کے ناگزیر عمل کا حصہ بھی ہے۔ سائنسی

کارناموں اور کائنات کے اسرار سمجھنے میں پیش رفت نے بھی تو بارہا سائنس فکشن سے ہی جنم لیا ہے۔ جس کے پیچھے کسی تخلیق کار کا خوبصورت تخیل ہمیشہ کارفرما تھا۔اور ممکنات سے حقیقت تک کا سفر طے ہو پایا۔ یہ بات بھی طے ہے کہ دُنیا کے جس بھی خطے میں جمالیاتی حِس کو کسی بھی ایجنڈے کی وجہ سے کرش کرنے کی شعوری کوشش کی گئی وہاں تشدّد، عدم برداشت اور ڈپریشن نے جنم لیا۔

عدیم ہاشمی صاحب کی تقلید میں رختِ سفر کے فلیپ کے لئے میں کسی کے بھی در پہ نہیں گیا۔اس پیشِ لفظ کے آخر میں میرے ای میل رابطے موجود ہیں۔جن کے توسُط سے آپ قارئین رختِ سفر کے بارے میں اپنی آراء اس ناچیز تک براہ راست پہنچا سکتے ہیں، مجھے خوشی ہو گی۔

مُجھے ذاتی طور پہ داغ، قیصرُ الجعفری، عدیم ہاشمی اور جمال احسانی صاحب کے کلام سے رغبت ہے۔اور مُجھے اپنا لکھنے کا انداز انہی سے ہی قریں دکھائی دیتا ہے۔خواتین شاعرات میں سے صرف پروین شاکر صاحبہ کی شاعری کا مداح ہُوں۔رختِ سفر کے حوالے سے اپنے پسندیدہ شاعر عدیم ھاشمی صاحب کا ایک شعر آپکی نذر کرنا چاہوں گا۔

ے ہمراہ لئے جاؤ مرا دیدہء تر بھی
جاتے ہو سفر پر تو کوئی رختِ سفر بھی

یہاں میں ادب میں اپنے گورڈن کالج کے اُستاد پروفیسر سجاد شیخ صاحب کا تذکرہ بھی کرنا چاہُوں گا جن کا شاگرد ہونا شاید میری زندگی کا سب سے بڑا اعزاز رہا ہے۔ربِ کریم اُن کے درجات بُلند کرے۔آمین۔

رختِ سفر کے اس ایڈیشن کی تعداد محدُود ہونے کے باوجُود میری کوشش ہو گی کہ اس کتاب کی ایک ایک کاپی ہر قابلِ ذکر لائبریری کو رسید کے عِوض بطورِ عطیہ دے دی جائے۔تاکہ اس سے زیادہ سے زیادہ اُردو شاعری پڑھنے اور اس میں دلچسپی رکھنے والے خواتین و حضرات

اظہر ناظؔر

رختِ سفر

مُستفید ہو سکیں۔

خوش رہیں اور شاد و آباد رہیں۔

اظہر ناظؔر

راولپنڈی، پاکستان

۱۴ دسمبر ۲۰۲۳

azharnaazir@outlook.com
azharnaazir@gmail.com

○

دیارِ عشق میں اب کیسی یہ ہوا چلی ہے
سکون دِن کا، شب کی یہ نیند اُڑا چلی ہے

سُخن نے پہنی ہے معنی کی قبا یارو
یہ تشنگی دِل کی شمع کو جلا چلی ہے

یہ جھوٹ کا بھی پیرہن ہے تار تار اب کے
ہے بیچ مقتل ہی سچ کی جو ہوا چلی ہے

یہاں تو فِطرت سے کھیل کا یہ انجام اب
ہمی کو یہ قُدرت کِس طرح بتا چلی ہے

سماج نے جب بھی دِہکا ئے ہیں انگارے
یہی محبت بے خوف و آسرا چلی ہے

یہ کل کے مُنصِف بھی کیوں ہیں آج کے مُلزم
کہ آج تا رِیخ اپنا چکّر چلا چلی ہے

ہے تیرگی سے لڑتا رہا جو دِیپ سدا
ہوائے تیز اُس کا حوصلہ بڑھا چلی ہے

تمدّنِ مشرِق ماند ہے جبھی سے یہاں
یہ فِکرِ مغرِب بھی رنگ سا چڑھا چلی ہے

عجب یہ منظر ہے دیکھا ناظؔر آنکھوں نے
یاں گھر کی لو گھر کا دِیپ ہی بُجھا چلی ہے

○

زمانے کی ہی شرطوں پر میں سمجھوتہ نہیں کرتا
ضمیر اپنے کا میں تو اب کے بھی سودا نہیں کرتا

یہ ممکن تھا کہ زر کے بدلے میں دُنیا اُٹھا لاتا
مگر کاغذ کے اِن ٹکڑوں پہ میں تکیہ نہیں کرتا

صعُوبت رہتی ہے ہر اِک قدم پر تاک میں میری
میں چلتا ہوں مُسلسل ہی یہ دِل چھوٹا نہیں کرتا

یہ سچ ہے دوستوں کا دوست بن کے ہی رہا میں تو
مگر جس کو بھلا دُوں اُس کو پھر سوچا نہیں کرتا

گڑا ہُوں میں تو گہرائی تک اِس مٹی میں ناظرؔ آج
سُنا ہے ایسا پیڑ آندھی سے بھی اُکھڑا نہیں کرتا

○

کیسا میں زمانے کا چلن دیکھ رہا ہوں
کیسی اب کے دادِ سُخن دیکھ رہا ہوں

لگتے ہیں مرے فن سے مرے دوست بھی خائف
اب یاروں کے ماتھے پہ شِکن دیکھ رہا ہوں

اپنی کم ظرفی کو چھپانے کے لیئے لوگ
کیا کیا نہیں کرتے ہیں جتن دیکھ رہا ہوں

اِن نظروں کا ہے دھوکہ کوئی کہ حقیقت
پوشاک میں بھی عُریاں تن دیکھ رہا ہوں

جس حُسن کے صدقے میں نے مشقِ سُخن کی
اُس بُت میں ابھی اوجِ فن دیکھ رہا ہوں

یہ کیسا خواب آج مِری آنکھ میں اب ہے
اِس سحر بھی نینوں میں چُبھن دیکھ رہا ہُوں

تیرگی کے اُس پار بھی میں ناظرؔ اب کے
جھِل مِل سے اُجالوں کی کِرن دیکھ رہا ہُوں

○

تُو نے بدن میں شراروں کو تھام رکھا ہے
ہری ہی مانگی بہاروں کو تھام رکھا ہے

تُو نے ہے ایسے مُجھ کو بھی قید کر ڈالا
قفس میں پنچھی کو زیرِ دام رکھا ہے

جو سامنے ہیں یہ چلتے پھرتے مے خانے
یہ غم بھلانے کو ہی تو جام رکھا ہے

ہیں من میں دشت بہت تو بیاباں بھی بڑے ہیں
کہ تشنہ حسرتوں کا اہتمام رکھا ہے

ہے کون کر گیا دِیوارِ دِل کو روشن سا
کسی نے تو نیا کوئی سلام رکھا ہے

○

یُوں چمن کو ہی اُس نے مخمصے میں ڈال رکھا ہے
حسیں چہرے پہ پھُولوں کا اِک آنچل ڈال رکھا ہے

ہیں اُس کے چہرے پر رعنائیاں بھی ایسے جلوہ گر
کئی برسوں سے اُس نے وقت کو بھی ٹال رکھا ہے

کہ اُس کا حُسن اِک ایسی جاوِداں تصوِیر جیسا ہے
حسیں پیکر میں خالق نے بھی سونا ڈھال رکھا ہے

حسینوں کے بھی جھُرمٹ میں وُہ یُوں دِکھائی دیتی ہے
کہ جیسے پتّیوں میں پھُولوں کا ہی تھال رکھا ہے

اب اُس گُل کی مہک بھی تو قیامت سے نہیں کچھ کم
فقط خُوشبُو کا ہر سُو جس نے اپنے جال رکھا ہے

○

جب وفائیں بے ثمر ہو جائیں
جب دُعائیں بے اثر ہو جائیں

کہاں ہو جائے امان اُن کی بھی
یہی جب پنچھی بے گھر ہو جائیں

خاک پھر اب کرے گی خلقِ خُدا
جب یہ رہزن ہی خِضر ہو جائیں

کھو دیں گی چادریں بھی حُرمت کو
گر جو خالی یہی سر ہو جائیں

ڈوبنے والا کہاں بچے گا
گر کِنارے ہی بھنور ہو جائیں

پگڑی رُگر کے رہے گی اُس سر سے
باغی پھر جس کے پدر ہو جائیں

کب ہی بچے گا وہ ذِلّت سے اب
چرچے جس کے بھی نشر ہو جائیں

کون رہ سکے گا پھِر یاں اب کے
سُونے سُونے سے جو گھر ہو جائیں

کیا سُخن کی بھی ترقّی ہو آج
گر سُخنور ہی بے سر ہو جائیں

یہ سفر تو یُوں بھی کٹ سکتا ہے
رستے جو زادِ سفر ہو جائیں

یاں وہاں کیا ہی بُرا ہے ناظؔر
ایک سے جب سبھی در ہو جائیں

O

یہ جو ہم مُسکرائے پھرتے ہیں
اب کیا کیا چھپائے پھرتے ہیں

سادہ سے ہیں یہ حُسن والے بھی
بجلیاں ہی گرائے پھرتے ہیں

آپ سمجھیں نہ اب ہمیں کمزور
یُوں جو سر کو جھکائے پھرتے ہیں

جس نے تھا نظروں سے گرا دیا پھر
اُس کو سپنوں میں لائے پھرتے ہیں

جب سے وہ بھی رُلائے پھرتے ہیں
یار ٹھینگا دِکھائے پھرتے ہیں

یہ دل اب بھی تو مچلا جاتا ہے
نخرے اِس کے اُٹھائے پھرتے ہیں

دیکھیں وہ ہاتھ کی لکیروں میں
ہم تو ہمسائے آئے پھرتے ہیں

سنگ وُہ ہُوں جو ٹوٹتا ہی نہیں
یار بھی ہاتھ اُٹھائے پھرتے ہیں

کبھی تو یہ بھی بھرے گی اب کے
جھولی ہم تو اُٹھائے پھرتے ہیں

شہروں پے جنگلوں کا راج ہے آج
کیسے چوپائے آئے پھرتے ہیں

اب کے نفرت کے دور میں ناظر
ہم محبت اٹھائے پھرتے ہیں

○

یہ جو تیرے شبستاں میں کوئی شے سی دہکتی ہے
مری ہی یاد کی خُوشبو ہے جو تجھ میں مہکتی ہے

یہ جو تجھ کو شب و روز اب بے چینی سی بھی رہتی ہے
مری ہی رُوح کی آوارگی تجھ میں بھٹکتی ہے

یہ جو اب کے ترے رُخساروں پہ لالی سی آئی ہے
تری جاں میں مرے ہی لُہو کی سُرخی دہکتی ہے

یہ جو اکثر ترے ہونٹوں سے گُل سے جھڑتے ہیں جاناں
مری آواز تیرے لہجے میں اب کے چہکتی ہے

ہمارے بیچ حائل جھوٹی ضِد کی ہی تو دیوار اِک
ہے ناحق لورِیاں سی دے کر اب تجھ کو تھپکتی ہے

یہ جو تجھ کو کوئی اندر سے جلا سا رہا ہے یوں
تری ہی کی جفا کی قیمت اب تجھ کو کھٹکتی ہے

یہ جو میلی سی نظروں کی تپش چہرے پہ رہتی ہے
یہ ناظر نام کی ردا ترے سر سے سرکتی ہے

○

عاجز سا ہی انساں ہُوں فرِشتہ نہیں ہُوں میں
پر اِس دمِ ہستی سے بھی بِچھڑا نہیں ہُوں میں

میں بھی تو شریکِ حُسنِ دُنیا ہُوں اب
اِس آسماں کا ٹُوٹا سِتارہ نہیں ہُوں میں

ہے کُچھ مِرے سچ کو بھی اندھیروں نے نوچا
پھر بھی باطِل سے ہی جُھکا سا نہیں ہُوں میں

اِس دُھوپ میں ابرِ سایہ دار ہُوں میں اب
آگے تیرے دُھول سی گھٹا نہیں ہُوں میں

مُجھ سے ترے گُلشن میں ہیں اب کے بہاریں
مانو کِسی پت جھڑ کا حِصّہ نہیں ہُوں میں

دھوکہ بھی تو تھا مِری فِطرت میں کہیں جو
پھر بھی دیکھو تو مُجھے دھوکہ نہیں ہُوں میں

میرا دم بھی پھُولوں کی ہی سیج نہیں آج
اے زِندگی تُجھ سے کُچھ رُوٹھا نہیں ہُوں میں

میں حُسن کے میلے میں جو خُود سے بچھڑا تھا
اُس کے باہر خُود سے بھی مِلا نہیں ہُوں میں

حُسنِ چمن اب کے مِرے رگ و پے میں ہے
اے رشکِ چمن ہاں جُدا سا نہیں ہُوں میں

اب کے یہ بسر بھی ناظرؔ خواب ہے لگتی
سو سا رہا ہُوں اور ابھی اُٹھا نہیں ہُوں میں

○

یہ آنکھ تو میری ہے یہ خواب میرے نہیں
اِس آنکھ سے دِکھتے یہ سراب میرے نہیں

میں جھیلتا ہُوں عُمرِ دراز سے جِن کو
مُحبّتوں میں مِلے یہ عذاب میرے نہیں

زمیں کے قرض نے کِیا زیرِ بار مُجھ کو بھی
چُکا رہا ہُوں جو کب سے حِساب میرے نہیں

یہ مُجھ پہ ہے بہت احسان اہلِ چمن کا
جو خار ہیں میرے پر گُلاب میرے نہیں

ہاں دستِ قُدرت نے بھی اچھا ہی لِکھا ہو گا
بُرے ہی دوست مُقدّر خراب میرے نہیں

تری روِش پہ ہے غیروں کا ہی تصرُّف اب
ہیں خُوشبُو کے یہ سارے نِصاب میرے نہیں

مری دُعائیں، مرے کِس ہی کام کی اب ہوں
میں تجُھ کو پاؤں وہ اجر و ثواب میرے نہیں

مری جاں ہے اب کے اجنبی مُجھے ناظرؔ
ہاں گُل جہاں ہے مرا، پر جناب میرے نہیں

○

کیا بنا زِیست کی کہانی کا
کھیل تھا آگ اور پانی کا

زِندگی بھی کیا شے تھی یارو
لمحہ دُکھ اور شادمانی کا

بچپنا بیتا آیا پھر جوبن
وصل بھی پل تھا اِک جوانی کا

رفتہ رفتہ بہار جاتی بنی
آیا موسم تھا بد گمانی کا

ہجر رُت میں بھی تو سُلگ کر ہم
مزہ لیتے رہے جوانی کا

اب یہاں سے کوچ بھی ہے لازم
اصل کو ہے پلٹنا فانی کا

جب ہے یہ دِل دھڑکتا سا ناظرؔ
ہے سبب یہ سو خُوش گمانی کا

○

سُنو تو دھڑکنیں کُچھ کہہ رہی ہیں
دِل کی یہ حسرتیں کُچھ کہہ رہی ہیں

پیار کا مُعجزہ ہی تو ہے جان
رُخ کی یہ حِدّتیں کُچھ کہہ رہی ہیں

تُم کو اب بھی نہیں احساس مگر
امر یہ ساعتیں کُچھ کہہ رہی ہیں

بات کو چاہے دو تُم بھی بدل اب
وصل کی منزِلیں کُچھ کہہ رہی ہیں

یہ سماں بھی تو ہے بہکا ناظؔر
چاندنی راحتیں کُچھ کہہ رہی ہیں

○

زِندگی سُن تیری بھی رفتار سے ڈر جاتے ہیں
ہم ہوں سہمے موت کی للکار سے ڈر جاتے ہیں

ہم ہیں مارے سے کُچھ انہی ناخُداؤں کے بھی ہاتھ
ناؤ سے ڈرتے ہیں اب پتوار سے ڈر جاتے ہیں

ساقِیا کیا ہے کہ ہم ایسے مے کش بھی اب کبھی
اتنی تھوڑی سی ہی تو مِقدار سے ڈر جاتے ہیں

ہیں کُچھ ایسی بازِیاں بھی جو نہ کھیلی ہی گئیں
ہم کِھلاڑی تھے مگر اِس ہار سے ڈر جاتے ہیں

فائدے کی جنس میں بھی ہو خسارہ تو یہ لوگ
جنس سے ڈرتے ہیں کاروبار سے ڈر جاتے ہیں

ہیں مسیحاؤں کی صُورت میں بھی اژدھے سے چھپے
جو نہ غم سے کچھ ڈریں غم خوار سے ڈر جاتے ہیں

دشت کے بھی تو ہُوئے اتنے ہیں عادی ناظِر اب
ہم کہ اپنے گھر کی ہی دِیوار سے ڈر جاتے ہیں

○

تیرے گزرے کل کی چاہت ہم بھی تھے
کل تلک تیری ضرورت ہم بھی تھے

ہے یہ چشمِ خوش گماں تیری کمال
کل تلک تجھ کو غنیمت ہم بھی تھے

دیکھ تُو نے ہی پہننا چھوڑا ہے
ورنہ پوشاکِ محبت ہم بھی تھے

آج تیرے دیکھنے میں فرق ہے
ورنہ دُنیا کو قیامت ہم بھی تھے

قریہ قریہ گھومو گی تو جانو گی
سرد راتوں کی تمازت ہم بھی تھے

○

میری یادیں سنبھال رکھنا
دِل کا موسم اُجال رکھنا

تُم خُوش رہنا سدا ہی جاناں
دِل میں نہ کوئی وبال رکھنا

دِل کی دھڑکن نہ تھمنے دینا
قطرہ قطرہ اُچھال رکھنا

دو رُخصت اپنے پیار کو اب
سینے میں نہ تُم ملال رکھنا

خُود کو اب دیکھنا ہے خُود ہی
تُم بھی اپنا خیال رکھنا

جیون دُکھ بھی جو بخشے ناظرؔ
غم سے خُود کو نہال رکھنا

○

دل بوسے کو گلابی رُخسار مانگتا تھا
یہ حُسن کا تھا شیدا، معیار مانگتا تھا

خاموشی کے یہ دل حق میں ہی نہ تھا کبھی بھی
سرِ انجمن کھلا سا اِظہار مانگتا تھا

دن کو یہ خاص سرگرمی کا نہ تھا روادار
شب کو مُجھے مگر یہ بیدار مانگتا تھا

دل کو بھی تو تھا درکار کوئی کھلونا ہر پل
اپنے بہلنے کو یہ دلدار مانگتا تھا

پردے کی شرعی مجبوری سے بھی تھا بے گانہ
یہ دل ہمیشہ زن کا دیدار مانگتا تھا

حیلے بُہت کیئے میں نے بھی تو دل کی خاطر
شے جو بھی مانگتا تھا، شہکار مانگتا تھا

جھیلی ہے جو میں نے بھی دل خُوب جانتا ہے
جو کار مانگتا تھا، دُشوار مانگتا تھا

اس دل کو بھی تو اوقات میں رکھنا ہی تھا آخر
ہر روز الگ یہ مُجھ سے بیگار مانگتا تھا

○

تھا جلنا بھی گوارا دل کو روشنی عزیز تھی
دھڑکتا ہی گیا اسے بھی زندگی عزیز تھی

تجھے بھی تیرے حال پر تھا چھوڑنا پڑا ہمیں
کیا نہ جب ہی رُسوا جاناں، عاشقی عزیز تھی

جو دل کی بات کہنے کے طریقوں سے تھے آشنا
تھے چُپ مگر وہ جو رہے کہ ان کہی عزیز تھی

تھا پہلے کی روش پہ چلنا آساں کتنا دوستو
ہے شعر بدلا ہم نے بھی کہ تازگی عزیز تھی

چلاّ کے ہم بھی آسماں کو سر پہ اُٹھا سکتے تھے
جو چُپ رہے تو اس لئے کہ خامشی عزیز تھی

○

تیری ناں تیری مرضی سے ڈر لگتا ہے
بے وجہ اپنی سُبکی سے ڈر لگتا ہے

بات کرتے ہُوئے اب ٹھہر جاتا ہُوں
اپنے لہجے کی تلخی سے ڈر لگتا ہے

دوست حیراں ہیں تنہا سا کیوں چلتا ہُوں
راستے کے بھی ساتھی سے ڈر لگتا ہے

لوگوں پے ترس کھانے سے توبہ بھلی
سچ تو یہ ہے کہ نیکی سے ڈر لگتا ہے

خُوشبُو کی ہی تمنّا نے وُہ حال کیا
پھُول تو پھُول، تتلی سے ڈر لگتا ہے

دل کو تو ناظؔر اب آرزُو ہی نہیں
حُور جیسی بھی لڑکی سے ڈر لگتا ہے

○

ترے شہر میں مُسافت کے سوا رکھا کیا ہے؟
بے معانی سی صعُوبت کے سوا رکھا کیا ہے؟

بھلا کون دیکھے گا اس حسیں چہرے کو بھی جاناں
بتا جس پر اِک رعُونت کے سوا رکھا کیا ہے؟

ترے در پہ اب ناں آئیں گے دوبارہ ہم بھی سجنی
تری بزم میں رقابت کے سوا رکھا کیا ہے؟

اس آئینے میں کیسی ہیں پڑی یہ سب لکیریں
دلوں میں بھی تو کدُورت کے سوا رکھا کیا ہے ؟

یہی رستے منزلوں تک کہاں لے کے جائیں گے اب
نظر آ رہی ہزیمت کے سوا رکھا کیا ہے؟

○

دل جلانے کی کوئی بات نہیں
شہر ہے یہ کوئی دیہات نہیں

سامنے آ کے مجھے للکارے
مرے دُشمن جری اوقات نہیں

سُود کے ساتھ کرے گا واپس
یہ محبت تو ہے سوغات نہیں

اپنا دل مُفت میں ہی دے دُوں تجھے
اتنے بھی تو بُرے حالات نہیں

تیرے بارے میں یقیں ہے مُجھ کو
پہلے جیسے کوئی خدشات نہیں

میں نے بھی اپنی سی کوشش کی تھی
کیا میرے کوئی جذبات نہیں

آئے ہیں آپ کی خدمت کے لئے
خُود حوالے ہوں، یہ بارات نہیں

○

مجنوں جیسی دھمال کون کرے
عشق کی اب مجال کون کرے

کیوں بسے آ کے دشت میں کوئی
دِل کی رونق بحال کون کرے

آ کے اِکبار جو چلی بھی گئی
گئی رُت کا ملال کون کرے

یہاں سب کا ہی حال خستہ ہے
دُوسرے کا خیال کون کرے

دُوری ہو جائے جب مُقدّر تو
ہجر کو پھر وصال کون کرے

گو حُسن کی ستائش تو ہُوئی
تیرے جیسا کمال کون کرے

شیخ نے کہہ دیا ہے جس کو حرام
اُس شے کو اب حلال کون کرے

سیدھا رستہ ہے دار کو جاتا
یہاں ناظرؔ سوال کون کرے

○

درد کو درد سے رہائی دُوں گا
موت کو زِیست کی کمائی دُوں گا

کرو گے چشم پوشی بھی کب تک
ہر دریچے سے میں دِکھائی دُوں گا

بے وفائی تری میں سہہ بھی چُکا
سوچنا بھی نہ کے دُہائی دُوں گا

تُم بھلا کے بھی دیکھ لو مُجھ کو
غم کے ہر گیت میں سُنائی دُوں گا

میں نے چاہا تھا، سوچا تھا تُم کو
اپنے ہر خواب تک رسائی دُوں گا

اپنے جذبات کا گواہ ہُوں خُود
کس لئے اپنی میں صفائی دُوں گا

○

وہاں تک ہم بھی ساتھ چلتے ہیں
جہاں سے راستے بدلتے ہیں

شعر عُمدہ ہو تو ہی ٹلتے ہیں
ورنہ رُخ پے سیاہی ملتے ہیں

حد سبھی نے ہی کھینچ رکھی ہے
پار کرنے پہ پاؤں جلتے ہیں

گو کہ نکلے ہیں سینکڑوں ارماں
پھر بھی دل میں ہزار پلتے ہیں

اُسے میں نے تو کب کا چھوڑ دیا
پھر کیوں اب بھی رقیب جلتے ہیں

ایک ہی بُت ہے شہر بھر میں کیا
کیوں یہ سارے اُسی پہ مرتے ہیں

یہ مرے شعر تحفہ ہیں مُجھ کو
حاسدوں کا ہے کام، جلتے ہیں

○

کرم کی آپ کی یہ نظر، شکریہ
خُوب کٹ جائے گا اب سفر،شکریہ

آپ کے آنے سے پہلے تھا جو مکاں
ٹھہرے گا پیار کا اب نگر،شکریہ

جھومتی یہ بہاریں، مہکتے یہ پھُول
سج گیا میرے دل کا بھی گھر،شکریہ

دیکھ کے اپنا سر پیٹ لیں گے رقیب
آپ میرے ہیں رشکِ قمر، شکریہ

مُجھ کو تو چند قطرے غنیمت تھے پر
آپ نے جو دیا کاسہ بھر، شکریہ

مے کدہ چل کے میرے ہی پاس آیا ہے
تشنہ لب تھے بہت مُنتظر، شکریہ

کون ناظؔر کو بھی جانتا تھا یہاں
آپ نے ہے کیا مُعتبر، شکریہ

○

زاویے اُس کی بھی کمر کے تھے
حوصلے کچھ مری نظر کے تھے

وصل کی وہ بھی رات تھی ٹھہری
اور چرچے اِسی خبر کے تھے

دِل بھی زوروں سے کچھ دھڑکتا تھا
حوصلے اپنے ہی جگر کے تھے

نظروں سے ہو رہا تکلّم تھا
سامنے جلوے اُس نڈر کے تھے

کیف و خُمار کی تھیں وہ گھڑیاں
آئے لمحے وہ تو شکر کے تھے

یہ بدن بھی تھا دہکا سا اپنا
بھڑکے شُعلے سے اُس شرر کے تھے

کِتنی ہی مُختصر سی وہ شب تھی
جیسے عُجلت میں جلوے سحر کے تھے

بڑی مُدّت کے بعد ناظؔر تب
آئے نایاب پل ثمر کے تھے

○

اگر اِنساں باغِ جنّت سے بدر نہ ہوتا
یُوں زمیں پہ آج اُس کا بھی فنا سا گھر نہ ہوتا

جو مِلا نہ ہوتا یہ آدمی شیطاں سے کبھی بھی
تو بدی کی راہ پے چلتے یُوں ہی نڈر نہ ہوتا

یہی جو روِش نہ ہوتی جہاں میں بھی خیر و شر کی
تو بشر کو اچھا بُرا کوئی بھی ثمر نہ ہوتا

دِیے کو نہ ہوتی جو روشنی سے ذرا بھی رغبت
پھر اندھیروں کے مُقابل کھڑا یہ شرر نہ ہوتا

مِری عُمر کا پہیّہ اِسی جا ہی گھوما ہوتا
یُوں اگر مُجھے بھی واجب ترا ہی سفر نہ ہوتا

تھکا ہارا میں بھی بھاری قدموں سے لوٹا ہوتا
مرے قدموں کے مُقابل ترا ہی جو در نہ ہوتا

یہ شدید سنگ باری مرے ہاں کہاں سے ہوتی
مرے صحن میں یہ پھل دار سا اگر شجر نہ ہوتا

ترے بے محل چراغاں نے ہے پھونک ڈالا سب کچھ
نہیں تو یوں بھی جلا چارہ گراں نگر نہ ہوتا

بڑے برسوں پہلے میں لکھنا ہی چھوڑ جاتا ناظؔر
مرے بھی کلام میں جو ذرا سا اثر نہ ہوتا

○

عجب مُجھ سے وُہ مُنصفی چاہتا ہے
مرا دُشمن اب دوستی چاہتا ہے

بھلا کیسے مانُوں اُسے دوست میں بھی
جو مُجھ سے مری زندگی چاہتا ہے

عجب بات ہے مُجھ کو دُکھ دینے والا
ہے مُجھ سے ہی اپنی خُوشی چاہتا ہے

ہے ہر بازی ہی ہار چکا جو مُجھ سے
فقط مات اب آخری چاہتا ہے

جہاں تک ہُوں میں بھی سمجھ پایا ناظر
شے کُچھ تو وُہ بھی منطقی چاہتا ہے

○

چہرے مُہرے سے شناسا سا لگا
وُہ مُسافِر مُجھے اپنا سا لگا

لبِ دریا میں بھی تشنہ کھڑا تھا
وُہ بھی بے حد مُجھے پیاسا سا لگا

پیاس در در تھی بھٹکتی کب سے
نظروں کا وُہ مُجھے دھوکہ سا لگا

جسے پہچاننے میں بھول ہُوئی
جنموں کا پھر کوئی رِشتہ سا لگا

جِس کو پانے میں ہی صدیاں لگی تھیں
دُور ہوتے اُسے لمحہ سا لگا

چُور رستوں کی تھکن سے تھا میں
وُہ بھی ناظِر تھا شِکستہ سا لگا

○

اِک خواب ہو یا اُس کی تعبیر ہو جاناں
دِل میں سجی سی کوئی تصوِیر ہو جاناں

شاید تُمھی ہو میرے مقدّر کا سِتارہ
قِسمت ہو مِری یا مِری تقدِیر ہو جاناں

تُم اِک حسیں پتھّر سے تراشی مُورت ہو
میں رانجھا ہُوں تُمھی مِری ہیر ہو جاناں

ریشم کا ہے یہ قفس اب گھر مُجھے چندا
پاؤں کی ہو بیڑی، تُم زنجیر ہو جاناں

دلکش ہو، حسیں ہو، جانِ شاعری ہو تُم
دِل میں داغا سا ہُوا اِک تیر ہو جاناں

لوگ اب مُجھے مُفلس نہ پُکاریں گے ہرگز
مُجھ کو ہو بہت، زُلفِ گرہ گیر ہو جاناں

○

ہیں کیا تیر کمانوں سے اُلجھتے دیکھے
ہم نے بے کار نشانے بھی ہیں لگتے دیکھے

وقت کی قید بھی ہو مانع اے عقلِ انساں
فاصلے صدیوں کے ہم نے ہیں سمٹتے دیکھے

کُوئے جاناں میں ہی گھوما کئے تھے جو کب سے
وُہ ستارے بھی تو محور سے ہیں ہٹتے دیکھے

چشمِ بینا کو ہے کافی یہ مکافاتِ عمل
کار لوگوں کے اُنہی کو ہیں پلٹتے دیکھے

ہُوئی جب جب نظرِ کرم ہی اُن کی ناظؔر
راہ کے سنگ سبھی ہم نے بھی ہٹتے دیکھے

○

کون دیکھتا ہے دہلیز پے دھری آنکھیں
راہ تکتی رہتی ہیں کس کی یہ مری آنکھیں

کام آ گئی مرنے والے کی وصیت بھی
ہیں اِدھر بجھی تو دیکھو اُدھر جلی آنکھیں

ہنستی آنکھوں کے ہیں گاہک یہ ساکنانِ شہر
کون مول لیتا ہے بھیگی سی ہُوئی آنکھیں

ہیں چراغِ رہ بھی اور زادِ راہ بھی ہم کو
سارے ہی سفر میں منزل کو دیکھتی آنکھیں

شاعروں نے بھی کیا کیا رنگ دیکھ رکھے ہیں
ہیں فریبی بھی موجُود اور شربتی آنکھیں

○

کون پگلا قرار چاہتا تھا
اُس گلی سے فرار چاہتا تھا

بات سیدھی سی دسترس کی تھی
اُس پہ میں اِختیار چاہتا تھا

دُشمنی کو یہ دل نہ تھا راضی
آخری ایک وار چاہتا تھا

بات تُو نے مِری سُنی ہوتی
کون پھر اعتبار چاہتا تھا

اپنی سانسیں تو گِنتی کی ہی تھیں
تھوڑی اور مُستعار چاہتا تھا

جبھی دِل کی تھیں آرزُوئیں جواں
روز اِک یہ شکار چاہتا تھا

○

تیرے در سے وفا کو اُٹھا لایا ہُوں
اپنی ہی کی خطا کو اُٹھا لایا ہُوں

دل کو کب بھولے گی یہ ہی دل کی لگی
آخرِش میں دغا کو اُٹھا لایا ہُوں

لوگ مانگ رہے تھے مُرادیں کئی
کس کی میں بھی دُعا کو اُٹھا لایا ہُوں

اُٹھ رہی تھی یُوں بھی تو یہ تہذِیب سے
میں بُلا کر حیا کو اُٹھا لایا ہُوں

مُجھ سے دیکھی نہ اُس کی بھی حالت گئی
فٹ میں جا کے شفا کو اُٹھا لایا ہُوں

○

ہو چلا یہ جینا دوبھر، دوبھر
آ رہی ہے یہ صدا محشر، محشر

آنکھ کا مانو چھلکتا ہے کیا
آ رہی ہے صدا ساغر، ساغر

دل ابھی بھی یہ دھڑکتا ہے کیا
آ رہی ہے صدا مُضطر، مُضطر

اس نگر میں ذہانت کا مول؟
آ رہی ہے صدا پتھر، پتھر

انساں بھی کھاتا ہے انساں کو کاٹ
آ رہی ہے صدا اکثر، اکثر

بیٹی کو جچتا ہے تحفہ انمول
آ رہی ہے صدا چادر، چادر

ہے شجاعت میں کوئی یکتا بتاؤ
آ رہی ہے صدا حیدر، حیدر

شاعری میں ہے تقابل کیسا
آ رہی ہے صدا جوہر، جوہر

ہو شفاعت کی بھی کوئی تو سبیل
آ رہی ہے صدا کوثر، کوثر

○

بولا تو یہی ہے تنکا، تنکا
دیکھو تو سہی ہے رویا، رویا

ہے سچ تو یہ دل کا وہ سخی ہے
دیکھو تو سہی ہے دریا، دریا

جو شعروں کو کہہ لیا خُود اپنے
دیکھو تو سہی ہے عُمدہ، عُمدہ

کیُوں دل نے یہ بات کہہ ہی ڈالی
دیکھو تو سہی ہے جھوٹا، جھوٹا

لگتا ہے یہ پھُول ابھی کھِلا ہے
دیکھو تو سہی ہے اُجلا، اُجلا

کب حد سے بڑھا ہے درد اپنا
دیکھو تو سہی ہے ہلکا، ہلکا

جاتا رہا آنکھوں کا بھی کاجل
دیکھو تو سہی ہے پھیلا، پھیلا

یہ مرگ نہیں ہے قتل ہی ہے
دیکھو تو سہی ہے سِیدھا، سیدھا

یہ پھل ابھی تک پکا کہاں ہے
دیکھو تو سہی ہے کچّا، کچّا

کون ایسے اُجڑ گیا ہے پنچھی
دیکھو تو سہی ہے تنہا، تنہا

ہے عِشق بھی کیُوں بھٹکتا پھرتا
دیکھو تو سہی ہے رُسوا، رُسوا

○

حالات کے بدلنے میں کیا وقت لگتا ہے
آدم کے بھی سنبھلنے میں کیا وقت لگتا ہے

تُم دِل کو لاکھ سینے میں بہلا کے دیکھنا
دِل کے ہی پھِر مچلنے میں کیا وقت لگتا ہے

خُوش بختی سے رفیقِ سفر جو ہو دستیاب
تو سارے رستے چلنے میں کیا وقت لگتا ہے

اِس راہِ عشق میں ہوگا چلنا بھی دھیان سے
ٹھوکر سے یاں پھِسلنے میں کیا وقت لگتا ہے

دِل ہی ہے کافی روشنی کو ناظؔر اب کی بار
سمجھو اِسے بھی جلنے میں کیا وقت لگتا ہے

○

یار ہی یار مار ہے سائیں
یاری بھی داغدار ہے سائیں

سہہ جو لیتے قبائے ہستی کو
درد کا کیسا بار ہے سائیں

کیا ہے رنجش، گلے سے آ کے لگو
پل کا کیا اعتبار ہے سائیں

خود سے انسان کو حقیر نہ جان
ورنہ رب کی ہی مار ہے سائیں

سیدھا رستہ نہ چھوڑ، دِل کی سُن
رب کی تیرے پُکار ہے سائیں

رکھ سفر میں بھی قافلے پہ نظر
کِس کا کیا اعتبار ہے سائیں

لڑکھڑا کے گرے جدھر درویش
تیرا میرا، شُمار ہے سائیں؟

رہ گیا ہے بشر بھی گھڑتا جواز
مرتا بے اِختیار ہے سائیں

○

کوئی بھی تو خبر اچھی نہیں ہے
کیا قسمت کبھی کھلتی نہیں ہے

تُو بیٹی ہے مگر درویش کے گھر
لگانے ہاتھ کو مہندی نہیں ہے

تری بابت ہے رائے یہ عمُومی
بکاؤ مال ہے قاضی نہیں ہے

لبوں تک لاتی ہے جاں شاعری بھی
یہ شُہرت میری جاں سستی نہیں ہے

لٹکنے کو کوئی سُولی نہیں ہے
یہ مُفلس کا ہے گھر دمڑی نہیں ہے

میں اپنی بات پر قائم ہُوں رہتا
یہ میرے دُشمناں دھمکی نہیں ہے

ہے لوگوں کا کیا سچ مان لیں گے
کہانی تو ہے پر راوی نہیں ہے

ہو کوئی اور دھندا کیجئے آپ
سبھی کے بس کی یہ بازی نہیں ہے

کہیں کوئی کسر ہے زاری میں سُن
ہے روتا تُو مگر ہچکی نہیں ہے

نجانے کِس گُماں میں ہے حکُومت
بے بس ہے یہ عوام اندھی نہیں ہے

O

سر کو ہلا دیا ہے جب اقرار میں نہیں
کوئی جو چاہے سمجھے پر انکار میں نہیں

گرتا ہُوا ہی جائے ترے آستانے تک
اتنی بھی ہمت اب ترے بیمار میں نہیں

چند اک گلاب چہروں پہ بھی کھلا کرتے ہیں
وُہ تازگی مگر ترے رُخسار میں نہیں

ہیں اپنے آپ میں سبھی قدآور، مُعتبر
وُہ بات پر کسی کے بھی اشعار میں نہیں

ہم سے فقیر منشوں کی صُحبت میں ہے جو لُطف
شرطیہ سارے شاہوں کے دربار میں نہیں

کیسے ترے بھی دل کا ہو کوئی مُسافر اب
چھوڑا کوئی بھی در تُو نے دیوار میں نہیں

چُکا سکے جو مول بھی ہماری انا کا اب
یارو وُہ سکّہ ہی ابھی بازار میں نہیں

دم توڑتی ہے پھرتی یہ انسانیت بھی کیُوں
کیا انساں کوئی باقی ہی سنسار میں نہیں

ایک آنچ کی کسر بھی ہُوا کرتی ہے بہُت
کوئی تو بات سُن ترے شہکار میں نہیں

○

بے وقت کا وصال ہے، کُچھ تو خیال کر
اس میں بھی کوئی چال ہے، کُچھ تو خیال کر

نزدیکیوں پہ اُس کی نہ ہو خُوش گُماں فقط
بے کار کا وبال ہے، کُچھ تو خیال کر

کہنے کو تو یہ دل ہے بہک جائے گا اے دوست
آپ اپنی تُو مثال ہے، کُچھ تو خیال کر

ان شاعروں کو بھی خُدا نے دے رکھی ہے چھوٹ
سب ان کو ہی حلال ہے، کُچھ تو خیال کر

چھو کے جبھی گزر گیا دستِ عدُو تُجھے
یاروں کا یہ کمال ہے، کُچھ تو خیال کر

ان بندشوں سے مانگ کے آزادی پُوچھ لے
جائز ہر اک سوال ہے، کُچھ تو خیال کر

دل میں کوئی ملال ہے، کُچھ تو خیال کر
غم سے کوئی نڈھال ہے، کُچھ تو خیال کر

○

کہاں کہاں ڈھونڈتے پھرو گے
کبھی نشاں ڈھونڈتے پھرو گے

جو دل کے انگار جل بُجھیں گے
فقط دُھواں ڈھونڈتے پھرو گے

کبھی تو سایہ بھی دھوکہ دے گا
جبھی اماں ڈھونڈتے پھرو گے

جُوں منزلوں کو ہی پہنچو گے تُم
نیا جہاں ڈھونڈتے پھرو گے

فریب دیں گی بہاریں جب جب
گئی خزاں ڈھونڈتے پھرو گے

یہاں جاں سے جانے کا ہے ساماں
تمہی وہاں ڈھونڈتے پھرو گے

ہو جاؤ گے جسم سے گر آزاد
تو لامکاں ڈھونڈتے پھرو گے

○

پیار میں کھیلی بازی سے ڈر لگتا ہے
مات ہو تو ہو سُبکی سے ڈر لگتا ہے

بات کرتے ہُوئے اب ٹھہر جاتا ہُوں
اپنے لہجے کی تلخی سے ڈر لگتا ہے

یُوں کبھی اپنوں نے تھا ڈبویا مُجھے
آج بھی یارو کشتی سے ڈر لگتا ہے

پھُولوں نے ڈھائی ہے وُہ قیامت کہ آج
دِل کے چھالوں کو تتلی سے ڈر لگتا ہے

خُوبیاں ہی یہ بن جائیں جب خامیاں
اپنی ہر ایک خُوبی سے ڈر لگتا ہے

بیچ بازار میں نقلی اسقدر ہے
سامنے کی شے اصلی سے ڈر لگتا ہے

کر بھلا ہو بھلا لگتا ہے اِک فریب
نام کی اب تو نیکی سے ڈر لگتا ہے

اِن جھروکوں سے اب جھانکتا کون ہے ؟
اِن دریچوں سے ، کھڑکی سے ڈر لگتا ہے

مُڑ کے جو دیکھتا ہُوں کھو سا جاتا ہُوں
مُجھ کو اپنے ہی ماضی سے ڈر لگتا ہے

یار کی بھی نہ میں ہے سہُولت بڑی
ہم ہیں ناظؔر کہ مرضی سے ڈر لگتا ہے

○

کیا چنگاریاں ہیں یہ بھی شرر میں میرے
گرمی سے جن کی زمانہ ہے اثر میں میرے

اِک ترے ساتھ کی حسرت یہاں تک لائی مُجھے
ورنہ کُچھ بھی تو نہ تھا رختِ سفر میں میرے

میں تو ہُوں آج تلک بات پہ قائم اپنی
پھر اُلجھتا ہے تُو کیُوں ایک مگر میں میرے

میں بُلندی کو بھی چھوتا ہُوں کھو دیتا ہُوں پھر
جانے کیا اب کمی ہے اوجِ ہُنر میں میرے

ماہِ کامل کی سبھی خُوبیاں تو دکھتی ہیں
کونسی اب کمی ہے رشکِ قمر میں میرے

دِل تری دِل لگی، دلداری سے ہے خُوش بے حد
ٹیس سی کیا کبھی اُٹھتی ہے جگر میں میرے

ہیں سُخن ور بھی یاں ناظرؔ بڑے ہی سرکاری
شاہ کی مدح میں ہیں لکھتے نگر میں میرے

○

اُس کے چہرے پہ بجی تھوڑی ندامت بھی تھی
سامنے جو مرے بیٹھی تھی محبت بھی تھی

اُس کی خاموشی میں جھیلوں سی ہی گہرائی تھی
پر کہیں تو چھپی کوئی تو قیامت بھی تھی

کُچھ تو جذبات پے اپنے اُسے قُدرت بھی تھی
کارفرما وہیں تھوڑی سی مہارت بھی تھی

آج وہ آنکھیں بھی جذبات سے عاری سی تھیں
مگر اُن پلکوں پے آویزاں شکایت بھی تھی

سُرخ ہونٹوں پے لرز سے رہے تھے بوسے کئی
کل جنہیں چُومنے کی مُجھ کو اجازت بھی تھی

اُسی پل پھر سے میں نے ایک جسارت کی تھی
جان تھی وہ مری، مقبول وہ ساعت بھی تھی

○

حرام کو بھی اِک دم حلال کرتا ہے
کبھی جو دِل نئی کوئی مجال کرتا ہے

ہزار تشنہ سی حسرتوں کے بوجھ تلے
یہ جو دھڑکتا ہے، دِل کمال کرتا ہے

یہ دِل بھی تو رہتا ہے عجب سے مخمصے میں
جواب گھڑتا ہے خُود ہی سوال کرتا ہے

بچھڑ جو جائے کوئی اپنا تو تڑپتا ہے دِل
یہ دیر تک روتا ہے، ملال کرتا ہے

چھو لے جو آہٹ کوئی بھی میرے اِس در کو
یہ دِل اُچھلتا ہے، تیرا خیال کرتا ہے

دھمال کرتا ہے اپنی ہی دُھن میں دل ایسے
کہ ہجر کو بھی میرے وصال کرتا ہے

یہ مُجھ میں رقص بھی کرتا ہے، مُسکراتا ہے
خُوشی سے مُجھ کو دِل یُوں نہال کرتا ہے

الگ ہی ڈھنگ سے جینے کا عادی ہے دِل بھی
نہ مانے تو جینا یہ محال کرتا ہے

یہ دِل ہی تو ہے آخر کو تھک ہی جائے گا
یہی خیال مُجھے کیُوں نڈھال کرتا ہے

جو جینی ہے تو اِک سانس میں لے زندگی جی
یُوں رات دِن کیُوں اس کو وبال کرتا ہے

○

زندگی کوئی بھُول لگتی ہے
ترے پیروں کی دُھول لگتی ہے

میں پرستش کی حد سے لوٹا ہُوں
اب محبت فضُول لگتی ہے

میری ہر اِلتجا ہے رائیگاں اب
تیری اُف بھی قبُول لگتی ہے

یہ جو چھالے ہیں میرے ہاتھوں میں
مجھے محنت وصُول لگتی ہے

اتنی وحشت کہاں تھی پہلے سے
عشق کا یہ نزُول لگتی ہے

موت کو آئے موت پر ظالم
زندگی کا اصُول لگتی ہے

○

جو یہ ہجر ہی کہیں تھمتا، وِصالِ یار ہوتا
یہاں خُوش نصیبوں میں اپنا بھی تو شُمار ہوتا

یہی سے کدے حُسن کے ہُوا کرتے جو جنّت جاں
میں بھی تو نشاط ہوتا، تُو بھی اِک خُمار ہوتا

لگا لیتے ہم بھی آخر کہیں اپنے پگلے دل کو
یہ جو ہوتا اپنا، جو اس پہ کُچھ اِختیار ہوتا

گُماں سے ہی جس کے ہوجاتا ہے اب دل اپنا پاگل
خُوشی مار دیتی جو سامنے شاہکار ہوتا

ہمیں عُمروں کا وہ سنیاس بھی تو تھا پھر گوارا
ترے وعدوں پہ ستمگر جو کہ اعتبار ہوتا

رکھّی شرطِ آزمائش تھی، اگر قبول ہوتی
شب و روز عِید ہوتی، سماں نو بہار ہوتا

ہمیں بعد مرنے کے جاناں بھی یاد رکھتی دُنیا
اسی شہرِ عشق میں اپنا بھی تو مزار ہوتا

○

ان کہی بات کا بھی کوئی تو گھر ہو جائے
دل یہی چاہتا ہے اُن کو خبر ہو جائے

اِس کہانی میں جی لینا بھی تو ہے کار بڑا
تھوڑی ہے اب کہ زیادہ ہے بسر ہو جائے

ہُوں تو آدم میں گنہگار، خطا کار بھی ہُوں
دُعا ہے تھوڑی سی نیکی کا بڑا اجر ہو جائے

جسے ماں باپ نے سینچا ہے لہُو سے اپنے
چمکے ہر چاند ہی، ہر تارہ قمر ہو جائے

رُوٹھ کے جائے نہ چمن سے مرے موسمِ گُل
یاں کے پیڑوں کا پتّا پتّا ثمر ہو جائے

جو فرشتوں کے بھی سجدے سے فرشتہ نہ بنا
ہے کیا بُرا اُسے وُہ جو بشر ہو جائے

یہ تری باتیں ہیں سچ ہیرے و موتی جیسی
یُوں دُعا کر ترے وحشی پہ اثر ہو جائے

○

وحشی کو آج وحشی سے ڈر لگتا ہے
کرنے والوں کو کرنی سے ڈر لگتا ہے

بات کرتے ہُوئے اب ٹھہر جاتا ہُوں
اپنے لہجے کی تلخی سے ڈر لگتا ہے

یُوں کبھی اپنوں نے تھا ڈبویا مُجھے
آج بھی یارو کشتی سے ڈر لگتا ہے

بیچ بازار میں نقلی اسقدر ہے
سامنے کی شے اصلی سے ڈر لگتا ہے

اِنھی نوٹنکیوں نے وُہ مارا ہے ناس
ہر بڑی پہنچی ہستی سے ڈر لگتا ہے

سارے چمن کو ڈبو کے مے میں ہمیں
بہکے پھولوں کی مستی سے ڈر لگتا ہے

اِس گرانی اور ارزانی کے بیچ میں
بکتی ستی سے سستی سے ڈر لگتا ہے

اور کسی شے سے ناظؔر نہیں لگتا ہے
اُس کی ہاں اُس کی مرضی سے ڈر لگتا ہے

○

ہمی نے تو محبت کری تھی، ہم کو صلہ ملا ہے، پچھتانا کیا؟
یہ دو آنکھیں ہی تو بچی ہیں تُم کو دیں نذرانہ کیا؟

شیشے کے اِن گھروں میں رہنے والے سارے پتّھر کے ہیں
ہم خاک نشینوں سے بھلا ان کو واسطہ کیا، یارانہ کیا؟

خُون اس دِل کا کر کے زاہد کس مُنہ سے جنّت کو جاؤ گے
ہم رِندوں کو بچا ہے جو توڑ دیں وہ بھی اِک پیمانہ کیا؟

جنہیں چارہ گروں نے، مسیحاؤں نے، رہبروں نے ہی لُوٹ لیا
اُن سارے نصیب کے ماروں کو اب شہر کیا، ویرانہ کیا؟

کبھی اُس بے وفا کی کہانی میں شہزادے بھی تھے، غُلام بھی ہم
جہاں کو ہے جو ازبر پھر سے ہی سُنائیں وہ افسانہ کیا؟

شب و روز یہ مانگتا ہی رہتا ہے دلِ وحشی نشہ کیسا
اِک ایک ہی جام کو اب اِس کے اُٹھا لائیں میخانہ کیا؟

نہ تو یہ محفل وہ محفل ہے ناظؔر نہ ہی یہ جہاں وہ جہاں ہے
سبھی دیوانے ہیں اِک وحشت میں شمع کیا پروانہ کیا؟

○

جو کھیل گئے ، سو کھیل گئے ، تو کھیل کے اب پچھتانا کیا؟
یہ دو آنکھیں ہی تو بچی ہیں تُم کو دیں نذرانہ کیا؟

شیشے کے اِن گھروں میں رہنے والے سارے پتّھر کے ہیں
ہم خاک نشینوں سے بھلا ان کو واسطہ کیا، یارانہ کیا؟

خُون اس دِل کا کر کے زاہد کس مُنہ سے جنّت کو جاؤ گے
ہم رِندوں کو بچا ہے جو توڑ دیں وُہ بھی اِک پیمانہ کیا؟

جنہیں چارہ گروں نے ، مسیحاؤں نے ، رہبروں نے ہی لُوٹ لیا
اُن سارے نصیب کے ماروں کو اب شہر کیا، ویرانہ کیا؟

کبھی اُس بے وفا کی کہانی میں شہزادے بھی تھے ، غُلام بھی ہم
جہاں کو ہے جو ازبر پھر سے ہی سُنائیں وُہ افسانہ کیا؟

شب و روز یہ مانگتا ہی رہتا ہے دلِ وحشی نشہ کیسا
اِک ایک ہی جام کو اب اِس کے اُٹھا لائیں میخانہ کیا؟

نہ تو یہ محفل وُہ محفل ہے ناظؔر نہ ہی یہ جہاں وُہ جہاں ہے
سبھی دیوانے ہیں اِک وحشت میں شمع کیا پروانہ کیا؟؟

○

سنگِ منزل بھی تو دیوار نظر آتا ہے
رستہ رستہ ہمیں لاچار نظر آتا ہے

ہم کو کیا تھا پتہ کتنا ہو گا پانی پہ یہاں
ایک سے ایک ہی فنکار نظر آتا ہے

ہیں بکاؤ سبھی، عیّار بھی، مکّار بھی، خُوش
ہر فرشتہ یہاں بیزار نظر آتا ہے

آپکا یہ لکھا سر آنکھوں پہ ہے اپنے حضُور
چنچل و شوخ یہ اظہار نظر آتا ہے

کھل کے برسا جو ابر پانی ہی پانی ہو گیا
باغ کا ہر پتّا سرشار نظر آتا ہے

رات بھر سویا نہ تُو میں بھی جگا ساتھ ترے
یہ تری آنکھ کا خُمار نظر آتا ہے

جو ترا ساتھ تھا تو آساں تھی ہر مُشکل بھی
اب تو جینا ذرا دُشوار نظر آتا ہے

یہ مرے شہر کے لوگوں کو ہُوا ہی کیا ہے
ہر نفس لڑنے کو تیار نظر آتا ہے

پسِ چلمن بھی حسینوں کی جھلک تھی قاتل
حُسن اب زینتِ بازار نظر آتا ہے

مُعتبر تھا تُو اِسی گُفتگُو سے پہلے تک
بات سے ہی ترا معیار نظر آتا ہے

بات سے مُکرنے کو خُوبی سمجھتے ہیں تو
جھوٹ ہی آپ کا کردار نظر آتا ہے

مُفت کی ساقی نے پلا دی مے خانے میں جو
آج تو شیخ بھی میخوار نظر آتا ہے

سچ بتا غم میں دکھائی دے گا مُجھ کو کہیں بھی
چہرے مُہرے سے تُو غمخوار نظر آتا ہے

دوست دُشمن یُوں بناتے نہیں ہیں ہم بھی مگر
یاروں کا یار تُو دلدار نظر آتا ہے

کون آسیب کا ہے سایہ مرے چمن پر
یاں کا ہر پھُول ہی بیمار نظر آتا ہے

تُو مرے دائرۂ شعر میں ہرگز نہیں ہے
کُوزہ گر کا کسی شہکار نظر آتا ہے

○

ہے رات کو بھی سویرا دکھائی دیتا ہے
بشر کو بھی تو مسیحا دکھائی دیتا ہے

میں اِک اکیلا سِتارہ کہاں کہاں چمکوں
سبھی طرف ہی اندھیرا دِکھائی دیتا ہے

انہی تو بارشوں نے چھین لی متاع مری
ابر ہی اب تو لُٹیرا دکھائی دیتا ہے

یہ اور بات کہ شہکار ہی نہ بن پایا
بنا کے کُچھ تو بکھیرا دکھائی دیتا ہے

تُم آستینوں میں ہی رہو تو ہے اچھا
ادھر ہم کو تو سپیرا دکھائی دیتا ہے

○

وُہ عکس بن کے دِل کے آئینے میں جب اُتر گیا
رفیق بن کے سنگ سنگ چلا میں جدھر گیا

میں شب و روز گڑگڑاتا ہُوں اور اشکبار ہُوں
مرے خُدا کدھر مری دُعا کا بھی اثر گیا

بھٹک کے اپنا ہم ستارہ ڈُھونڈتے سے پھرتے تھے
جو رستہ ہی ملا ہمیں تو ہاتھ سے سفر گیا

ہے پُوچھنا ستمگروں سے بھی جفاؤں کا سبب
میں اُن کے در پہ اپنے پھر نصیب سے اگر گیا

چلو پھر اِتنا تو ہُوا پا کر تُمہیں اے ہمنشیں
مزاج سے ہی اپنے اُس کے بعد اگر مگر گیا

جسے تھا جانا ہم فریب خُوردوں نے ہی چارہ گر
وُہ شخص قافلے سے آگے کترا کے گُزر گیا

کتابی باتوں کو جو اوڑھنا بچھونا مانے تھے
کدھر کو آخر اُنکے بھی نصیب کا ثمر گیا

غرُوب ہی سے ایک پنچھی آسماں کو تکتا ہے
رو رو کے پُوچھتا ہے یہ کدھر کو میرا گھر گیا

سبب زیاں کا پُوچھتے ہو تُم کہ کیا کدھر گیا؟؟
سبھی گیا وہیں تو دل گیا، جہاں جگر گیا

○

جُوں تیری بزم میں نشاطِ غم کے مارے آتے ہیں
اُترتی ہے دھنک زمیں پہ چاند تارے آتے ہیں

جو مل سکو تو ملو تو دُکھوں سے ہمارے تُم ذرا
کہیں ہم سے ہی پہلے جاناں غم ہمارے آتے ہیں

سمجھتے ہو کہ کُچھ نہیں ہو گا جو چاہے سو کرو
کوئی تو دیکھتا ہے جس کے آگے سارے آتے ہیں

یہ میرے دل کے روزنوں سے جھانکتا ہے کون یُوں
تھی حسرت ایک جن کی آج وُہ دوارے آتے ہیں

جاں اپنی تھی اِسے کبھی کے وار دیتے ہمنشیں
مگر کیا کریں کہ سب سے پہلے پیارے آتے ہیں

یُوں ہم کسی بھی نازنین پر ہو جاتے اب فدا
مگر کیا کریں کہ خواب ہی تُمہارے آتے ہیں

ہے ہار جیت کیا شے تُم کو بھی ابھی کیا خبر
کبھی تو اُن سے ملو جیت کے جو ہارے آتے ہیں

○

کوئی تو ایک کام باقی ہے
تیرے وعدے کی شام باقی ہے

تیری نظروں سے جو کہ پینا ہے
ہاں وہی ایک جام باقی ہے

وہ ستمگر کہاں ہے رہتا اُدھر
بس وہاں در و بام باقی ہے

زندگی کا بھی مول چُکا دیا
کون کہتا ہے دام باقی ہے

چارہ گر کون آزمانا ہے
کوئی کہہ دو جو نام باقی ہے

○

دل کے بھی کِھل کِھل جانے کا امکان باقی رہ گیا
اُن کی نہ جب آمد ہُوئی، اعلان باقی رہ گیا

الزام پھر الزام ہی تھا جاتے جاتے ہی گیا
بہتان پھر بہتان تھا، بہتان باقی رہ گیا

سارے ہی تو پنچھی سبھی حیوان پردہ کر گئے
انسان پھر انسان تھا، انسان باقی رہ گیا

میں نے گو اُس کے سارے ہی قرضے تھے چُکا بھی دیے
احسان پھر احسان تھا، احسان باقی رہ گیا

جتنے کٹھن تھے کام چُن چُن کے کیے ہم نے مگر
آسان پھر آسان تھا، آسان باقی رہ گیا

یُوں پارسائی میں فرشتوں کو دے ڈالی مات پر
شیطان پھر شیطان تھا، شیطان باقی رہ گیا

میں نے تھے اُس سے رشتے ناطے توڑ ہی ڈالے مگر
رومان پھر رومان تھا، رومان باقی رہ گیا

ہے آرزُو اُس کی نہ حسرت دل میں کوئی اب رہی
ارمان پھر ارمان تھا، ارمان باقی رہ گیا

گو بُت تھے غارت گر مگر تھا لوٹنا ہم کو پڑا
ایمان پھر ایمان تھا، ایمان باقی رہ گیا

اِنہی چراغوں نے کئے کیا کیا تھے اپنے تئیں جتن
طُوفان پھر طُوفان تھا، طُوفان باقی رہ گیا

جو اُڑ گیا پنچھی رہ خالی پنجرہ پیچھے ہی گیا
سامان پھر سامان تھا، سامان باقی رہ گیا

○

پیاسی ہی رُوح تک رہی نہ جسم کی تشنگی گئی
چلتے چلے گئے جدھر لے کے یہ زندگی گئی

ھمی تو تھے وُہ چراغ جو تنہا سفر پہ نکلے تھے
جلتے چلے گئے جدھر لے کے یہ روشنی گئی

پھر کبھی چلمنوں کے پیچھے کبھی خواب گاہوں میں
بہکے چلے گئے جدھر لے کے یہ دلکشی گئی

کیسی ہی رونقیں تھیں اِس دل میں کبھی تو رات دن
بستا رہا یہ جب تلک نہ اِس سے یہ عاشقی گئی

دوستوں کو تھے پھُول ہم دُشمنوں کو تھے خار ہی
ہم بھی گئے جدھر لے کے اپنی یہ دوستی گئی

پھُول کھلا رہا چمن میں بقا اور فنا سے دُور
مہکا چلا گیا وُہ جب تک نہ یہ تازگی گئی

لفظ معانی کو ترسنے لگے معنی لفظوں کو
شاعری بن گئی ہے کھلواڑ، جو شاعری گئی

کیسے ہی تو یہاں سہے ہم نے ستم پے تھے ستم
آنکھوں سے اپنی جب تلک نہ بے بسی، بے کسی گئی

○

اس کہانی میں ہی کیسا یہ بھنور آ گیا ہے
زیر تو آیا تھا اب کے یہ زبر آ گیا ہے

لوگ کہتے رہے دیکھو تو یہ گھر آ گیا ہے
ہم کہ سمجھے کوئی انجانا نگر آ گیا ہے

آپ کی ہی بے رُخی نے تو کیا ہے یہ کمال
ھم فقیروں کو بھی جینے کا ہُنر آ گیا ہے

جبر کی بھی کوئی تو حد لکھی ہوتی ہوگی
ہم تھکے ماندوں کو بھی پیش سفر آ گیا ہے

ڈر کی دہلیز سے اِکبار گزر آئے تھے ہم
موت کا وقت کیا بارِ دگر آ گیا ہے؟؟

تُو نے سمجھا تھا کہ مر جائیں گے تیری خاطر
دیکھ لے تیرے بھی دیوانوں کو صبر آ گیا ہے

پُوچھ کر حسب نسب اپنی چھپاتے رہے اصل
لو تشفّی کو ہی آج آپ شجر آ گیا ہے

خُونِ ہستی بھی تو کچھ سہل نہیں ہے یارو
دل کو مارا ہے تو آگے یہ جگر آ گیا ہے

○

دِل کی حسرت نہیں تو اور کیا ہے
مری جنّت نہیں تو اور کیا ہے

آج بھی تیری خبر رکھتا ہُوں
یہ مُحبّت نہیں تو اور کیا ہے

کرتا ہُوں میں تو پرستش تیری
یہ اطاعت نہیں تو اور کیا ہے

جُھکی جاتی ہیں یہ آنکھیں میری
یہ عقیدت نہیں تو اور کیا ہے

مسلا کرتے ہو یُوں پیروں تلے دِل
یہ رعُونت نہیں تو اور کیا ہے

دیکھتے غیر کو چاہت سے ہو
یہ رقابت نہیں تو اور کیا ہے

کتنے چہروں پہ گماں ہے تیرا
یہ شباہت نہیں تو اور کیا ہے

آج بھی قسم سے تیرے ہیں ہم
یہ غنیمت نہیں تو اور کیا ہے

دیکھنا آپ کا چھپ چھپ کے ہمیں
یہ شرارت نہیں تو اور کیا ہے

غیر کی ہے جو دلالت ہم سے
یہ حمایت نہیں تو اور کیا ہے

آپ کی ہی جھکی سی پھر نظریں
یہ اجازت نہیں تو اور کیا ہے

دیکھا ہے مُبتلا کو اپنے بھی
یہ عنایت نہیں تو اور کیا ہے

نظریں برسا رہی ہیں شُعلے آج
یہ شکایت نہیں تو اور کیا ہے

ٹپکی ہے جابجا ہی رال تری
یہ مُصیبت نہیں تو اور کیا ہے

نہیں مُفلس کو یاں جینے کا حق
یہ حقیقت نہیں تو اور کیا ہے

کون جلاتا ہے گلشن اپنا
یہ ہلاکت نہیں تو اور کیا ہے

اپنی بولی سے ہی اتنی نفرت
یہ جہالت نہیں تو اور کیا ہے

بات کرتا ہے مُکر جاتا ہے
یہ سیاست نہیں تو اور کیا ہے

فاصلے ہیں جو پڑاؤ بھی تو ہیں
یہ مُسافت نہیں تو اور کیا ہے

اپنے بیگانے ہُوئے ناظرؔ آج
یہ قیامت نہیں تو اور کیا ہے

○

راس گُلشن کو ہی بہار نہیں
کون دل ہے جسے قرار نہیں

تُو خُوشی کا مری خیال نہ کر
حسرتوں کا مری شُمار نہیں

آ گئے ہیں تری تلاش میں ہم
پر نہیں یہ تو وُہ دیار نہیں

تنہا اِک تارہ ہی ہے آسماں میں
جس کا کوئی بھی اب مدار نہیں

ایک الگ روگ موت کا ہی تو ہے
سبھی کو جس پہ اختیار نہیں

ہیں سبھی چاہتوں کے مارے ہُوئے
کون ہے یاں جو دل فگار نہیں

جن دریچوں کو ہم بھی چھوڑ آئے
اُنہی گلیوں میں پھر پُکار نہیں

ہم کو جو راس یہ گھر آ گیا ہے
تُو ہمیں دل سے یُوں اُتار نہیں

○

آوارہ یہ پھراتا نگر نگر میں ہے
دل ہے کہ چل رہا اِسی تو اب ڈگر میں ہے

مُجھ سا کہاں ملے گا کہ جھونکا ہوا کا ہُوں
تیرا بدن تراشنے کو بُت نظر میں ہے

کیسے یہ مان لُوں کوئی اُس سا طبیب ہے
جو بات سی الگ مرے ہی چارہ گر میں ہے

وُہ گہما گہمی ہے وہی رونق جہاں کی ہے
زیست ایک گھر سے دوسرے کے ہی سفر میں ہے

ہے ایک دُنیا جس کے ہی پیچھے ہوئی فِدا
کوئی تو بات تیرے بھی اِس مُعتبر میں ہے

دیں ناخُدا کو دوش کہ طوفانوں کو ہی ہم
اپنے جبھی سفینے کو دیکھو بھنور میں ہے

سچ ہے سبھی حسینوں میں کچھ تو ہے خاص پر
کب ہے کسی میں میرے جو رشکِ قمر میں ہے

مٹی میں کب ہے بات جو کوزہ گری میں ہے
کوئی تو اب کرشمہ ترے بھی ہُنر میں ہے

ہے دل کو پھونک ڈالا جو اِس عشق نے تو کیا
دل میں ہے جتنی آگ ہی میرے جگر میں ہے

جب ہی فرشتوں سے کہا آدم کو سجدے کا
رب نے رکھا ذرا تو انوکھا بشر میں ہے

○

ہے کون پیار ہی جسے ہُوا نہیں
کی کس نے اب حسین یہ خطا نہیں؟؟

یہ درد تو سبھی نے جھیل رکھا ہے
کوئی بھی اِس سے ہے کبھی بچا نہیں

یہ آگ ہر ہی دل میں لگ بُجھی اِدھر
ہے کون ہی جو اِس میں اب جلا نہیں؟؟

سبھی کو جلا سی رہی ہیں یادیں سب
جُدا ہو کے ہی کون اِدھر جیا نہیں؟؟

ہیں وصل کی بہاریں بھی جو دلرُبا
تو ہجر کو بھی سب نے کیا سہا نہیں؟؟

سبھی کو ہیں یاں درد اپنے ہی عزیز
کس آنکھ سے یہ اشک اب بہا نہیں؟؟

# نظمیں

# ماں

ننھی سی سماعت نے
پہلی بار کُچھ سُن کر
تھا جو بولنا چاہا
پہلا لفظ جو بولا
جانتے ہو وہ کیا تھا
ماں، ماں، ماں، ماں، ماں تھا

# موتیے کے ہار

روز دفتر سے واپسی پر
چوک کی سُرخ بتّی پہ
موتیے کے ہار بیچنے والا
جب اک پھول سا بچّہ
مری گاڑی کے پاس ہوتا ہے
میں خرِید لیتا ہُوں کُچھ ہار
اور پھر اُنہیں پیار سے
سامنے سِر رپہ ڈال دیتا ہوں
موتیے کی سُوندھی سی خُوشبُو
مُجھے کُچھ یاد دِلاتی ہے
خواب نگر میں کھینچ لاتی ہے
ہاں تم کو موتیے کے گجرے پسند تھے

گھر پہنچ کر تم کو وہاں نہ پا کر
میں مغموم سا ہو جاتا ہوں
بیڈ پہ لیٹے تمہیں سوچتا ہوں
اور بے خبری کے کسی پل میں
نیند کی وادی میں کھو جاتا ہوں
اگلے روز تک موتیے کے وہ ہار
دُھوپ کی تمازت سے
مرے ارمانوں کی طرح
مُرجھا سے گئے ہوتے ہیں
اگلی شام میں تازہ پھولوں کو
ایک بار پھر سے گاڑی کے
مرر پہ ڈال کر کچھ پل کو ہی
پھر سے اِکبار کو جی لیتا ہوں
مے تری یاد کی پی لیتا ہوں

# سُرخ گلاب

دیکھنا پھولوں کا اعتبار نہ اُٹھ جائے
کوئی ترے در سے اشکبار نہ اُٹھ جائے
میری طرف سے یہ پھول تحفہ ہی تو ہیں
حُسن کا تیرے حقیر صدقہ ہی تو ہیں
پھولوں کی ہی تھوڑی لاج رکھنی پڑے گی
اِتنی تو تکلیف تُجھ کو کرنی پڑے گی
پھول ہے اِک تُو بھی اور پھول سے جاناں
بات ہو گر پھول کی زُباں میں تو بہتر
اب ترے انکار سے بھی ہونا کیا ہے؟
جان بھی لے روز کا یہ رونا کیا ہے؟
پھول نہیں ہیں یہ دل پہ ہیں ترے دستک
اور یہ دستک تو اب میں دیتا رہُوں گا

# مُودی

مُودی، بخشی، گوسوامی
تین چہرے ایک آواز
جنگ ہوگی، جنگ ہوگی
یہ نہیں لڑنے کے لائق
کُچھ نہیں کرنے کے لائق
آگ میں سب جھونک دیں گے
کتنے بھولے ہیں یہ معصُوم
اِن کو جیسے پتہ ہو
آگ دُنیا کے لئے ہے
آگ اِن کو چُوم لے گی

# خُوشبُو کے نام اِک گیت

کیسے کہوں، وہ کیا ہے؟
وہ پھول سا مکھڑا
وہ چاند کا ٹکڑا
وہ کِھلتا گُلاب
وہ اُٹھتا شباب
لڑکی ہے کے سراپا حیا ہے
وہ گُل بدن
وہ رشکِ چمن
وہ حُسن کی کتاب
وہ شاعر کا خواب
بدلتے موسموں کی ادا ہے
وہ بالی عُمر

وہ پتلی کمر
وہ جانِ محفل
وہ شانِ غزل
دل دریچے میں نغمہ سرا ہے

# جُدائی

جس کو جانا ہوتا ہے
وُہ کہاں سمجھتا ہے
بیتے گی کسی پر کیا
وُہ چلا ہی جاتا ہے
دیکھتا نہیں مُڑ کر
اپنی راہ لیتا ہے
وُہ چلا ہی جاتا ہے
کیسے بھول جاتا ہے
گُزری باتیں، سب یادیں
دِل کو توڑ دیتا ہے
آہیں چھوڑ دیتا ہے
وُہ چلا ہی جاتا ہے

کب خیال کرتا ہے
کب ملال کرتا ہے
کب سوال کرتا ہے
وُہ چلا ہی جاتا ہے

# انقلاب

وقت لگتا ہے سُنو
ذہن بھی پھر جاتے ہیں
یہ شعُور آ جاتا ہے
کُچھ نہیں بدلیں گے یہ
جب تُمھی سب بدلو گے
سب بدل سا جائے گا
مانگنے سے انقلاب
کب زمانے میں ہیں آئے؟
تُم بھی تو ہو انقلاب
میں بھی تو ہُوں انقلاب
ہاتھ دے دو ہاتھ میں
چلتے ہیں اب ساتھ میں

اپنی منزل ایک ہے
اپنی قسمت بھی ہے ایک
اپنی منزل چھین لو
راہ بھی مل جائے گی
تُم بھی تو ہو انقلاب
میں بھی تو ہُوں انقلاب

# چُپ

چُپ ہی رہنے کو کہا گیا ہے
اچھا کہنے کو کہا گیا ہے
چُپ یُوں بھی رہنے میں زیاں کیا ہے
کب کا مر چُکا ہے ضمیر اپنا
مٹّی کے بھاؤ بیچا ہے تو کیا
چھن گیا ہے تُمھی سے عدل تو کیا
شُکر یہ کہہ دو زندہ ہو تُم ابھی
ابھی جینے کا بھی خراج لیں گے
جو نہ لے سکے کل وُہ آج لیں گے
تُم نے اتنے برس بھی دیکھ لئے
سو دو سو سال اور بھی دیکھو گے
ابھی تُمہارا خُون اور ارزاں ہو گا

آسماں پُورا سُرخ تو نہیں ہے
ظلم کی کُچھ کسر ہے باقی ابھی
توبہ کا وقت بھی تو تھوڑا ہے
مرنے کے بعد جانے کیا ہو گا
ہاتھ کس کے ہو گا گریباں کون
پتہ لگ جائے گا کبھی شاید
لگ پتہ جائے گا کبھی شاید

# ارے نادانو

ارے نادانو!
کُچھ تو سوچو
کُچھ تو سمجھو
چند نام ایسے ہیں
جو آسماں پے
سُنہرے حرفوں میں
ساتھ ہی لکھے ہیں
اِس زمیں پر اُنہیں تُم
لاکھ مِٹا دیکھو
کُچھ بھی نہیں ہوگا
وُہ تو ساتھ میں ہیں
ساتھ ہی میں رہیں گے

# پراپیگنڈا

خُدا را ذہن لڑاؤ تو
اناڑی بھی کھلاڑی ہیں
جو جھوٹ کا پلندا ہے
یہ آج کا ہی دھندا ہے
بے رحم اور گندا ہے
غلیظ تو ہے، لُتھڑا ہے
ہاں ایک ہی تو شبد ہے
یہ جو پراپے گنڈا ہے

# میرے خواب سُلگتے ہیں

میری آنکھ میں جلتے ہیں
میرے خواب سُلگتے ہیں
ابر سے تُم آ جاؤ تو
ہر سُو مینہہ برسے گا
سب جل تھل ہو جائے گا
پھر یہ گُمان نہیں رہے گا
تُو دیقیں میں ڈھل جائے گا
دل یہ مچل سا جائے گا
من بھی بہل سا جائے گا
قوسِ قزح مہک اُٹھے گی
کوئل بھی چہک اُٹھے گی
چار سُو رنگ سے برسیں گے

آسماں نکھر سا جائے گا
یہ دن بِکھر جائیں گے تو
راتیں بھی مہک اُٹھیں گی
ہجر کی رات بھی بھاگے گی
چاند اپنے رُوبرُو ہو گا
نُور ہی نُور بھی سُو ہو گا
یہ بھی جنُوں دم توڑ دے گا
خستہ تن کو چھوڑ دے گا
زندگی جب جب گائے گی
موت بھی گھبرا جائے گی
اُلفت امر ہو جائے گی
زیست ثمر ہو جائے گی

# ممّی ڈیڈی

میں ممّی ڈیڈی تھا
خواب بھی ریڈی تھا
انکل نے کہا تھا
سب اچھا ہوگا
سب اچھا ہوگیا ہے
انکل سوگیا ہے
خواب ہی کھوگیا ہے
مہنگا سستا ہے
سستا مہنگا ہے
سیدھا اُلٹ گیا ہے
سپنا بکھر گیا ہے

انگل کھو گیا ہے
یہ کیا ہو گیا ہے
میں ممّی ڈیڈی تھا
خواب بھی ریڈی تھا

# خاک

خاک ہونے سے پہلے
خاک خاک سے بولی
خاک تھے جئے ہم جب
خاک میں ہی ملنا تھا

خاک ہونے سے پہلے
خاک خاک سے بولی
خاک ہی جئے ہم جب
خاک میں جا ملنا تھا

# زہر

زہر گھولتے رہے
زہر اُنڈیلتے رہے
اپنی دُکانوں میں
سادہ لوح کانوں میں
اپنی آواز میں
ساز و انداز میں
ایسے لوگ بھی سبھی
کیا نہیں شریکِ جُرم
نام کے صحافی یہ
یہ گویتے، بہرُوپیے
یہ سبھی ہیں مُجرم
قوم کے ہیں مُجرم

قوم کے یہ بچّوں کے
سپنوں کے چور سارے
اپنی ہوس کے مارے
اِن کو بھی کٹہرے میں لاؤ
تُم اِنہیں بھی مُجرم بلاؤ
حشر سے بھی پیشتر
ایک حشر بپا ہوگا
اِن غریبوں کا بھی تو
کوئی اب خُدا ہوگا

# مہنگائی

اُس نے کہا دل آیا ہے
ہم یہ سمجھے بل آیا ہے
وہ بولی ناظر تُمھی ہو
ہم بولے کس نے کہا ہے
اُس نے کہا دو گے کچھ اُدھار
ہم ذرا اُونچا سُنتے ہیں
اُکتا کے بولی فُون دو گے
کانوں نے یہ سُنا خُون دو گے
بولے ہم ہمیں جانا ہو گا
بولی تُم کو پھر آنا ہو گا
چار کی بولی اجازت ہے
کہہ دیا اپنی شرافت ہے

وہ بولی کہ کمال ہُوا
آواز آئی حلال ہُوا
اُس کی رعنائی بڑی ہے
پر یہاں مہنگائی بڑی ہے

# حرف کا مُقدّر لفظوں کے ہم سکندر

حرف کا مُقدّر لفظوں کے ہم سکندر ہیں
ہر شے کو قرینے سے رکھنا اپنی عادت ہے
ہم کو ہر شے میں ہی قُدرت دکھائی دیتی ہے
ہر سُو زندگی کی چاہت دکھائی دیتی ہے
چند حرفوں سے ہم شہکار ہیں بنا لیتے
کہنے کو مجاور ہیں نہ ہی کوئی ولی ہم بھی
وقت کی ہمیں آہٹ تک سُنائی دیتی ہے
دیکھتے پسِ آئینہ بھی مُورتیں ہم ہیں
سامنے کی سب کو صُورت دکھائی دیتی ہے
زادِ راہ میں ہم حیرت کدے لئے پھرتے
دل میں ہیں صنم کدے لئے چلتے
ہم اکھیوں میں ہیں مے کدے لئے پھرتے

حسرتوں کو ہم سے بہتر ہے کون جانتا
رہزنوں کو ہم سے بہتر ہے کون پہچانتا
ہم سے ہی چراغوں کی آبرُو سلامت ہے
روشنی لُٹا کے رقص بھی ہمی تو کرتے ہیں
ہمارے لفظوں کی بولی ہی نہیں لگتی
مانو ہیرے ہیں یہ انمول سارے کے سارے
تنکا تنکا چُن کر ہم آشیاں بناتے ہیں
پھر وہی نشیمن ارمانوں سے سجاتے ہیں
حسرتوں کی لو سے ہی روشنی بھی کرتے ہیں
دھڑکنوں کی دھمال کو زندگی بھی کرتے ہیں
ہم کو شہر بھی صحرا بھی ہے ایک سا لگتا
خاک چھانتے ہیں، ہم ریت پھانکتے ہیں
جس کسی نے بھی رکھا دل میں ہی رکھا ہم کو
کوئی جاہ کوئی اعزاز چاہتے کب ہیں؟
ہم درویشوں کو نام بُہت ہے
شکستہ اِس دِل کا دام بُہت ہے
ہے سُخن ہی کافی، دُشنام بُہت ہے

# میری مرضی

وُہ بولی میری مرضی ہے
میں اپنے تن کی مالک ہُوں
میں ہُوں آزاد عورت
ہُوں مرد کے برابر میں
قدم دو چار آگے ہُوں
مُجھے مردوں کی کیا پرواہ
جو بھی ہیں، بھاڑ میں جائیں
یہ مُجھ میں وُہ بھی تکتے ہیں
جو مُجھ میں کہیں نہیں ہے
وفا نام کی کوئی شے ہے
بات کرتے ہیں یہ تاروں کی
مگر لاتے گھو بھی شلجم ہیں
یہ دُنیا چلا سکتی ہُوں
سبھی بار اُٹھا سکتی ہُوں

مُجھے مردوں سے نفرت ہے
نجانے مرد کیا بلا ہے
ازل سے پیچھے پڑا ہے
میں دُھتکارتی بھی ہُوں
مگر یہ ڈھیٹ بڑا ہے
غزل کہتا ہے مُجھ پر ہی
مرے سراپے پہ مرتا ہے
وُہ بولی تُم لُغت دیکھو
یہ مرد مُجھ سے ڈرتے ہیں
میں اِن سے نہیں ڈرتی
یہ ڈر مُجھ سے ڈرتا ہے
میں نے بھی تالی بجادی
اُسی لمحے، ہاں اُسی لمحے
کوئی چیخ کانوں میں گونجی
وُہ بے ہوش پڑی تھی
کوئی چھپکلی تیزی سے
چھت سے فرش پہ آئی تھی

# سہارا

اُس کو رہتا سبھی سے شکوہ سا تھا
میں بھی تو تھوڑا اب جدا سا تھا
وہ بھی دل کے ہی ہاتھوں ہاری تھی
ایک پل کو میں بھی رُکا سا تھا
اُس کے پاؤں بھی تھے تھکن سے چُور
اپنا دل بھی بُجھا بُجھا سا تھا
اُسے بھی تب سہارے کی تھی تلاش
میں بھی اب کُچھ بے آسرا سا تھا
اُس کو بھی پیار میں ہُوئی تھی مات
مُجھ کو بھی لگتا سب دغا سا تھا
گو کہ دونوں ہی اجنبی تھے ہم

پھر بھی کچھ ایسا تھا جو اپنا سا تھا
جس پڑاؤ پر ہم آن ٹھہرے تھے
وہیں اپنا ملن ہوا سا تھا
گو یُوں طے رستہ بھی نہیں ہوتا
اُسی کے رستے میں چلا سا تھا
دمِ آخر وداع وُہ ہُوئی تھی
میں بھی اپنی ہی راہ چلا سا تھا

# مُقدّر

تیرے دِل میں اُترنا بھی مُقدّر تھا
تیرے دِل سے نِکلنا بھی مُقدّر تھا
تجھ سے اِکبار مِلنا بھی مُقدّر تھا
تجھ سے اب بِچھڑ جانا بھی مُقدّر تھا
دو ہی پل کا جو ہنسنا بھی مُقدّر تھا
اور عُمروں کا رونا بھی مُقدّر تھا
دِل کے زِینے پہ چڑھنا بھی مُقدّر تھا
اشکوں کے رستے گِرنا بھی مُقدّر تھا
میرے دِل کا مچلنا بھی مُقدّر تھا
دِل کا ہی پھر تڑپنا بھی مُقدّر تھا
سنگ تیرے ٹھہرنا بھی مُقدّر تھا
دو قدم ساتھ چلنا بھی مُقدّر تھا
دِل کا ناظرؔ جو جلنا بھی مُقدّر تھا
راکھ تک کا نہ مِلنا بھی مُقدّر تھا

# حسرتیں

میری حسرتیں سبھی قِبلہ رُو ہو جاتی ہیں
میری حاجتیں سبھی قِبلہ رُو ہو جاتی ہیں
مانگنے کو جب کبھی ہاتھ اُٹھتے ہیں مرے
یہ دُعائیں بھی سبھی قِبلہ رُو ہو جاتی ہیں
اِنساں سے بھی گر محبت میں عِشق ہو مِلا
پھر محبتیں سبھی قِبلہ رُو ہو جاتی ہیں
عاشقوں کو ہو جو گویائی کا قرِینہ بھی
دِل کی حالتیں سبھی قِبلہ رُو ہو جاتی ہیں
ہوا گر ذہن کے ساتھ دِل بھی سجدے میں گرا
پھر عِبادتیں سبھی قِبلہ رُو ہو جاتی ہیں
چھوڑ دیتا ہُوں میں اُس کے کرم پہ ناظرؔ جب
میری مُشقّتیں سبھی قِبلہ رُو ہو جاتی ہیں

# ڈر

لفظ کی تاثیر سے تُم ڈرتے ہو
خواب کی تعبیر سے تُم ڈرتے ہو
حرف سارے ہی تُمہارے تو نہیں
ہر نئی تحرِیر سے تُم ڈرتے ہو
زِنداں سے اب بھی ڈراتے ہو ہمیں
چھن رہی جاگیر سے تُم ڈرتے ہو
ہو کمر بستہ سے تُم تخرِیب پے
ہر نئی تعمیر سے تُم ڈرتے ہو
کرتے ہو حق کی حمایت بھی مگر
برہنہ شمشِیر سے تُم ڈرتے ہو
کر سکو گے سامنا اب سچ کا کیا
سچ کی بھی تصوِیر سے تُم ڈرتے ہو

# آنچل

مُیسّر نہ مُجھ کو تیرا یہ آنچل ہوتا
میں کوئی دِیوانہ کوئی پاگل ہوتا
ہوتا اگر میرے ہی بس میں جانِ جاں
اِن آنکھوں کا تیری میں تو کاجل ہوتا
تیری ہی تیرہ شب کا میں ساتھی ہوتا
تیرے لِئے جلتی کوئی مشعل ہوتا
خُوشبُو سا ہوتا میں بدن کی مہکار
بہکے ترے جوبن کی میں چھاگل ہوتا
تُو موسموں کے جبر کو جاتی بھُول
سر پے ترے سایہ کِئے بادل ہوتا
ہر دم ہی رہتا میں تو پہلُو میں تیرے
پل کو نظر سے تیری ناں اوجھل ہوتا
گر دِل ہی ہوتا میں جو تیرے سینے میں
ہر شام جل اُٹھتا کھرا صندل ہوتا

# ساغر

جو بھر کے بھی نہ چھلکا وہ ساغر تھا
مر کے بھی جو جی اُٹھا وہ ساغر تھا
اپنے ہی دیس میں پھرا بے نوا
جو خُون تھوکتا تھا وہ ساغر تھا
دل کا تھا بادشاہ، وفا کا پیکر
یاروں کا یار بھی تھا وہ ساغر تھا
جس کے تھے شعر موتیوں میں ٹکتے
بدلہ نہ جس نے مانگا وہ ساغر تھا
جس کی تھی مٹی میں اک الگ تاثیر
پوشیدہ اِک لعل تھا وہ ساغر تھا

# چاند

چاند گہنا جاتا ہے
اپنا مُنہ چُھپاتا ہے
دِیپ گُل ہو جاتا ہے
سایہ بھی سو جاتا ہے
رات گُزری جاتی ہے
دِل بھی بیٹھا جاتا ہے
تُم نے آنا تھا نہ آئے
سانس اُکھڑا جاتا ہے
سچ ہے بات اِنتظار
موت ساتھ لاتا ہے

# آ گہی

آ گہی، آ گہی کھیلتے ہیں
شاعری، شاعری کھیلتے ہیں
ہیں اندھیرے ڈرانے لگے تو
روشنی، روشنی کھیلتے ہیں
مرنے کی بات ابھی بھول جاؤ
زندگی، زندگی کھیلتے ہیں
آؤ کچھ پل کو انجان ہو جائیں
اجنبی، اجنبی کھیلتے ہیں
بات کوئی ادھوری ہے شاید
ان کہی، ان کہی کھیلتے ہیں
اس محبت سے آگے چلو اب
عاشقی، عاشقی کھیلتے ہیں
دُشمنی سے یہ جی بھر گیا ہے
دوستی، دوستی کھیلتے ہیں

اب تو جنگل بھی شرما گئے ہیں
آدمی، آدمی کھیلتے ہیں
سامنے جو بھی تھا دیکھا ہم نے
باطنی، باطنی کھیلتے ہیں
بندشوں سے یہ جی اوبھ چلا
سرکشی، سرکشی کھیلتے ہیں
تُم ہو جیتے نہ ہم ہارے کشتی
دھاندلی، دھاندلی کھیلتے ہیں
کیسے یہ فرقوں میں ہی بٹے لوگ؟
مذہبی، مذہبی کھیلتے ہیں
یادِ سُلطان کو یکدم آیا
مُفلسی، مُفلسی کھیلتے ہیں
یہ معیشت تو جانے کب اُٹھے
بہتری، بہتری کھیلتے ہیں
چلنے کی کب یہ گاڑی ہے ہم سے
مسخری، مسخری کھیلتے ہیں

# اِنسان

چہروں کی بھیڑ میں اِنسان کہاں ہیں
اے زمیں تیرے نِگہبان کہاں ہیں
لو دِیے کی بھی ہے یہ پُوچھتی اب تو
بُجھا دیں مُجھ کو جو طوفان کہاں ہیں
ہے مرے شہر میں ہر شے ہی مُیسّر
پُورے ہوتے مگر ارمان کہاں ہیں
کہنے کو تو ہے یہ چمن بھی سلامت
گُل کِدھر کو ہیں گُلِستان کہاں ہیں
جھوٹے تھے لکھے گئے جتنے قصِیدے
اُن قصِیدوں کے بھی عُنوان کہاں ہیں
بخش ہی دیتا خُدا اِن کو بھی ناظؔر
سچ میں یہ لوگ پشیمان کہاں ہیں

# معبُود

معبُود کو ہر کسی نے جُدا دیکھا
کسی نے کیا تو کسی نے کیا دیکھا
کرتا ہے یُونہی کون مدد کسی کی بھی
یاں تو سبھی نے اپنا کوئی بھلا دیکھا
اب ایک سا ہی تھا میرا طرزِ سُخن یہ
کسی نے کھوٹا تو کسی نے کھرا دیکھا
تُم کہتے ہو جبری اسے تو بھی مرضی ہے
اُس لڑکی نے تو روٹی کا آسرا دیکھا
اِک جیسی ہی برسی تھیں یہ بُوندیں بادل سے
سیلاب کہیں تو کسی نے قطرہ دیکھا

# جزا

اِنساں اِنساں کو جو قبا دیتا ہے
اُس کی بھی میرا مولا جزا دیتا ہے
خُوش ذہنوں کی ہے پرواز بھی مُعتبر
شعر کو دردگوہر بنا دیتا ہے
کون کِھلاتا ہے پھُول سرِ چمن؟
کون غُنچوں کو بادِ صبا دیتا ہے؟
ایک فرعون تھا ایک شدّاد تھا
کُفر کو پھر خُدا اُنھو دِکھا دیتا ہے
پالتا کون ہے قصرِ فرعون میں؟
کون مُوسیٰ کو پھر عصا دیتا ہے؟
جھیلتا ہُوں جو سب آخری جان کر

کوئی سا درد پھر سے رُلا دیتا ہے
دیکھنا چاہتا ہُوں میں خواب آخری
کوئی پر نیند سے پھر جگا دیتا ہے
اِنساں کو ہے ہوس نعمتیں ہی ملیں
مانگتا رہتا ہے یہ خُدا دیتا ہے
ہم بھلا دیتے ہیں کسی کی نیکی کو
رب مگر اُس کی پُوری جزا دیتا ہے
کون ڈھکتا ہے اِن برہنہ جسموں کو؟
مُفلسوں کو بھی تن کی قبا دیتا ہے
ہے جہاں بھر کا رِزق اُس نے ذِمّے لیا
پتّھروں میں بھی تو جو غذا دیتا ہے

# سفر

سارا سفر کتاب ہو جانا ہے
چاہت کو بھی خواب ہو جانا ہے
تُم نے تو لوٹ آنا ہے ساحل سے
مُجھ کو ہی رزقِ آب ہو جانا ہے
دل کو لُبھاتا آج ترا یہ ساتھ
کل کو ہی ایک خواب ہو جانا ہے
اِن وصل کے گداز سے لمحوں کو
کل ہجر کا عذاب ہو جانا ہے
دُنیا کے مُتقیوں کو بھی کل
جنّت میں جا خراب ہو جانا ہے
چاندی نے پھر اُترنا ہے بالوں میں
اور ختم یہ شباب ہو جانا ہے

# اجنبی

اِک اجنبی میرے دِل سے گزر گیا تھا
میں جس کے لئے ہی کِتنا سنور گیا تھا
کھٹکنے لگی تھی اُس کو پیاس میری
ابر جو مری ہتھیلی پہ دھر گیا تھا
تھا چشم براہ جس میں مرا استارہ
وہ قافلہ مُجھ سے پہلے گزر گیا تھا
تُو چھوڑ گئی تھی سُن تو تڑپتا جس کو
وہ ہجر کی پہلی رات ہی مر گیا تھا
پلٹتی نہیں دُعائیں سبھی کی خالی
کہاں کو نجانے اُن کا اثر گیا تھا
میں کب سے ہُوں دربدر یہاں کون جانے؟
کب آخری بار اپنے ہی گھر گیا تھا؟

اِس آنکھ میں پانی بھی تو تھا جمع کب سے
چھلک گیا تو کیا یہ بھی بھر گیا تھا؟
مُجھے ہے سلیقہ خُود کو سمیٹنے کا
میں بار بار ریزہ ریزہ بکھر گیا تھا

# جانے

جانے تُو اب کیسی دِکھتی ہو گی
بیتے دِنوں کو یاد تو کرتی ہو گی
یہ میرا نام شاید اب بھی تُو ہی
انجانے میں پیڑوں پہ لِکھتی ہو گی
مُجھ کو ہے گُماں اپنی جفا پہ تُو بھی
تنہائی میں روتی ہو گی جلتی ہو گی
اور کوئی بندھن تُو نے باندھا ہو گا
اب کے جس کے ٹُوٹنے سے ڈرتی ہو گی
میرے جیون میں کانٹے بونے والی
اُن ہی کانٹوں پہ تُو بھی تو چلتی ہو گی

# تُربت

عرش مائل ہُوا رحمت بنا ڈالی
ساتھ میں دل دیا، اُلفت بنا ڈالی
ہم فقیروں کی بھی تدفین کیا ہے؟
دھر دیے پھُول دو، تُربت بنا ڈالی
ان لکیروں میں چھپا کیا ہے خدایا
کیسے تُو نے بھی یہ قسمت بنا ڈالی؟
یُوں بھی تھی آفت اک اس دل کو جو درکار
اچھا کیا جو تُو نے عورت بنا ڈالی
یہ الگ بات نہ پا سکے تُجھے ہم
نام کی تیرے ہی حسرت بنا ڈالی
دے دیے دشت بھی دیوانوں کو جب
تبھی پھر ساتھ میں وحشت بنا ڈالی

انساں کو حد میں ذرا رکھنا تھا مقصُود
دُنیا میں ہی تُو نے عبرت بنا ڈالی
زمیں پے زندگی کا جو کیا ساماں
سانس لینے کی بھی مُہلت بنا ڈالی
دُنیا بھی خُوب بنائی ہے خُدایا
حق ہے تُو نے بھی یہ قُدرت بنا ڈالی

# زخم

زخم دل کا ہے تو بھی پروانہ کیجئے
رات دن ہی بس اِسے ماپا نہ کیجئے
ایسی سنگدلی پہ راضی نہیں دل بھی
کیجئے کُچھ بھی مگر تنہا نہ کیجئے
جان لینے کا ہے کیا کوئی ارادہ؟
دیکھئے ایسے ہمیں دیکھا نہ کیجئے
بڑے ارمانوں سے پاس آئے ہیں دو دل
کیجئے کُچھ بھی مگر پسپا نہ کیجئے
دیجئے جو سزا دل کو ہو روا بھی
کیجئے کُچھ بھی مگر رُسوا نہ کیجئے
روکتا کون ہے پر اتنا سمجھئے
دل کا ہے سودا اِسے ستا نہ کیجئے

دل نہیں مانتا تو ایفا نہ کیجئے
نبھ نہ پائے جو کبھی وعدہ نہ کیجئے
پھر ملیں گی یہ بہاریں نہ گھٹائیں
دیکھئے لب کا نشہ پھیکا نہ کیجئے
دیکھ رکھا ہے کھلے چاند کو ہم نے
ہم سے تو آپ یُوں اب پردہ نہ کیجئے
ٹمٹماتی لو کو بھی ترس پڑیں نین
اِتنا تو دیپوں کو عنقا نہ کیجئے

# سپنے

ٹوٹے ہیں کِس کے یہ سپنے دیکھتا جا
کر دیے ظالم نے پُرزے دیکھتا جا
زِندگی اپنے ہی دم پہ تھی گزاری
آج ہیں کِس کے سہارے دیکھتا جا
کون جلتا ہے پرائی آگ میں یُوں
پاس مت آ تُو شرارے دیکھتا جا
ڈُوبتا ہے کون یاں اپنی رضا سے
پانی کو نا چھو کِنارے دیکھتا جا
ڈُوبا وہ جو چاند سرِ آسماں تھا
رہ گئے ہیں اب سِتارے دیکھتا جا
اِن لکیروں کا بھروسہ کیا ہے ناظرؔ
تھے جو قسمت کے اِشارے دیکھتا جا

# رنج

عُمر میری کو بڑھا کیوں نہیں دیتے؟
زیست سے رنج مٹا کیوں نہیں دیتے؟
خلق ہے ڈھونڈتی خالق کو ہی کب سے
اُن کو رب کا بھی پتہ کیوں نہیں دیتے؟
میں ازل سے ہُوں کھڑا بیچ کٹہرے
عاصی کو اپنے سزا کیوں نہیں دیتے؟
جفا پے ہی کیۓ جاتے ہو جفا تُم
وفا کے بدلے وفا کیوں نہیں دیتے؟
کیۓ جاتے ہو یُوں تحقیر پہ تحقیر
مُجھ کو نظروں سے گرا کیوں نہیں دیتے؟
اپنے بسمل کو بھی تڑپا کے ہو راضی
ہو مسیحا تو شفا کیوں نہیں دیتے؟

عدل کو ترسی ہے مخلوقِ خُدا آج
شر کی دیوار گرا کیوں نہیں دیتے؟
رُوح تک اُتری ہے یہ تیرگی اپنی
لو چراغوں کی بڑھا کیوں نہیں دیتے؟

# ماں

اک ماں سی ہستی پورے جہاں میں نہیں
اس زمیں میں نہیں، آسماں میں نہیں
ہر مصیبت کے آگے وُہ تو ڈھال ہے
ماں کا نعم البدل ملے خیال ہے
اپنے سُکھ چین سے بے خبر، بے نیاز
اپنا سب کُچھ لُٹا دیتی ہے بچّوں پر
جس کی دُعا کبھی رد نہیں ہوتی ہے
اُس کے پیار کی کوئی حد نہیں ہوتی ہے
اپنے آرام میں ماؤں کو بھُولتے
وقتِ مُشکل اُنہی کو تو ہیں ڈھونڈتے
رب نے رکھ دی جنّت جس کے قدموں تلے
اک وہی تو جہنّم سے بچاتی ہے ماں
بخت والے ہیں جو ماں کی خُوشی میں ہیں خُوش

بچّوں کی ہی خُوشی چاہتی ہے یہ ماں
دُکھ ماں کی بھی جُدائی کا ہیں جانتے
وہ سبھی جن کی پھر سو ہی جاتی ہے ماں
ماں کے اب ساتھ کو جانو نعمت ہی تُم
جو بچھڑ جائے تو پھر کب آتی ہے ماں؟؟

# باپ

دُنیا میں تُجھ کو بھی مُیسّر گر فرِشتہ ہے
ہیں باپ کہتے جس کو وُہ ایک رِشتہ ہے
پہچان کا تری وُہ پہلا حوالہ ہے
ماں کے ہی بعد رِشتہ تقدِیس والا ہے
ہے سخت دُھوپ میں وُہ تو سائے جیسا اب
خالی سی زِندگی میں سرمائے جیسا اب
دے کے سہارا جس نے تُجھ کو چلایا تھا
جیون کو جینا بھی تُجھ کو ہی سِکھایا تھا
جس کی ہے سعی نے تُجھ کو بُنیاد دی
ہر کامیابی پے تیری جس نے داد دی
جس کے ہیں وصف تُجھ کو وِرثے میں مِلے
انمول سے تُجھے جو سستے میں مِلے

کمزور لمحوں میں جس نے جینا سمجھایا
پھر ہنس کر اشکوں کو بھی پینا سکھایا
ہے جیت کے لیئے تیری جو ہارا ہے
جیتے جی خود کو جس نے بھی مارا ہے
سپنے جواب ہے تیری آنکھوں سے دیکھتا
تجھ پے ہے وار کر جاں اپنی کو پھینکتا
تیری ہر بلا کے آگے وہ ڈھال ہے
ہے ملتی باپ سی شفقت خال خال ہے
گر باپ کا ہی سایہ جس سر سے اُٹھ جائے
پھر وہ یتیم اپنا دُکھڑا کسے سُنائے؟؟

# دلِ مُضطر

بدلی بدلی سی ہے دُنیا تُو اب بدل بھی جا
کب کوئی تِرا واں اُس گلی سے نِکل بھی آ
چاند چھونے کی ضِد کو چھوڑ اب بہل بھی جا
اے مِرے دِلِ مُضطر دیکھ اب سنبھل بھی جا

میں وُہ چاند ہُوں اپنے چھوٹا تاروں سے میں تھا
اپنوں سے کھا کے ٹھوکر بچھڑا پیاروں سے میں تھا
تھا بھنور میں پیہم کٹا کِناروں سے میں تھا
اے مِرے دِلِ مُضطر دیکھ اب سنبھل بھی جا

اُس کے در پہ سرِ شام جو چراغ جلتے ہیں
دیکھ روشنی سی اس دِل کے داغ جلتے ہیں
دِل واں ٹُوٹتے ہیں سپنوں کے باغ جلتے ہیں
اے مِرے دِلِ مُضطر دیکھ اب سنبھل بھی جا

میں کروں کیا تنہا اُداس رات کا اب کے
چاندنی سے دِل کی اس واردات کا اب کے
اُس کی گلی میں گُم سے اِلتفات کا اب کے
اے مرے دِلِ مُضطر دیکھ اب سنبھل بھی جا

زہر لگتی ہیں اب مُجھ کو پیار کی باتیں
یہ وفا کے قصّے، قول و قرار کی باتیں
جھوٹے سب ہیں سپنے، بس ہیں فرار کی باتیں
اے مرے دِلِ مُضطر دیکھ اب سنبھل بھی جا

من یہ کہتا ہے اِس شب بادہ خانے کو ہی چل
وشت کو ہی چل تُو خاک اُڑانے کو ہی چل
مان جا اب اُس کے پھر آستانے کو ہی چل
اے مرے دِلِ مُضطر دیکھ اب سنبھل بھی جا

کوئی تو وجہ بھی ہو دِل کو اب لگانے کی
اُجڑی ایک بستی کو پھِر سے اب بسانے کی
رونے کی بھی ہو وجہ یاں ہنسنے ہنسانے کی
اے مِرے دِلِ مُضطر دیکھ اب سنبھل بھی جا

کوئی حل بھی تو ہو اِس چاک دامنی کا اب
کوئی درماں تو ہو اپنی درماندگی کا اب
کوئی رستہ تو ہو اِس دِل کی بھی لگی کا اب
اے مِرے دِلِ مُضطر دیکھ اب سنبھل بھی جا

جی میں آتا ہے سچ کو اُستوار کر دُوں میں
جھوٹ کے سبھی چہرے آشکار کر دُوں میں
پیار کے نگر میں ہر سُو بہار کر دُوں میں
اے مِرے دِلِ مُضطر دیکھ اب سنبھل بھی جا

چیخ اُٹھے جو تنہائی تو چل سا پڑتا ہُوں
دِل پہ ہاتھ رکھ کے گھر سے نِکل سا پڑتا ہُوں
دو ہی گام چل کے گِر کر سنبھل سا پڑتا ہُوں
اے مرے دِلِ مُضطر دیکھ اب سنبھل بھی جا

کیسا یہ سفر ہے جو کٹتا ہی نہیں یارو
میرا دھیان بھی ہے کہ بٹتا ہی نہیں یارو
آنکھ میں بسا اک عکس ہٹتا ہی نہیں یارو
اے مرے دِلِ مُضطر دیکھ اب سنبھل بھی جا

سوچتا ہُوں اب میں اُس پار بھی تو جا دیکھُوں
آسماں میں ہے جو سنسار بھی تو جا دیکھُوں
لوٹ کے نہ آؤں اِک بار بھی تو جا دیکھُوں
اے مرے دِلِ مُضطر دیکھ اب سنبھل بھی جا

# جاناں

کبھی تو جاناں
اُڑتی چنچل تتلی سی
ایک مہک بھری کلی سی
غنچوں کی سی شگفتگی سی
مست ہوا کے جھونکوں سی
چلتی ندی کے پانیوں سی
قوسِ قزح کے رنگوں سی
بدلی ، برکھا کی ٹھنڈک سی
سردیوں کی دُھوپ سی
پریوں کے رُوپ سی
مدُھر سنگیت سی
پریم بھرے گیت سی

جھرنوں کی ہی روانی سی
رنگیں شوخ جوانی سی
ٹوٹتی سی انگڑائی سی
پھولوں کی رعنائی سی
تازہ پڑی شبنم سی
اُٹھتی حنا کے رنگوں سی
صحرا میں نخلِستاں سی
سیپ میں لپٹی گوہر سی
نشے کی خُماری سی
کلی اِک کنواری سی
سنگ تراش کی مُورت سی
لاکھوں میں موہنی صُورت سی
دل کے مرے آنگن میں اُترو
اور بیاباں کو گھر کر دو

# پہلی محبت

روز حیرت سے مجھے وہ تکا کرتی تھی
مری غزلیں، مری نظمیں پڑھا کرتی تھی
پوچھتی تھی اتنا درد کہاں سے ملا تم کو؟
کس نے ہے دے ڈالا محبت کا یہ صلہ تم کو؟
تمہارے کلام میں یہ انفرادیت کیسی ہے؟
شعر میں، سخن میں یہ ندرت کیسی ہے؟
کس کی یاد میں یوں پیہم دن رات لکھتے ہو تم
تشنہ لبی، چاک زخموں کی بات لکھتے ہو تم
درد کو کس لئے خلاف معمول دوا کہتے ہو تم
زمانے کو بھی مہر و وفا سے سوا کہتے ہو تم
زلف کو گھٹا اور چہرے کو چاند لکھتے ہو
تیرگی کو بڑھا چراغوں کو ماند لکھتے ہو

تمہاری شاعری میں یہ ہیجان کیسا ہے؟
پسِ کلام ہے جو موجزن رومان کیسا ہے؟
دیکھو تو کسی روز میری آنکھوں میں
مہکو تو کسی روز میری سانسوں میں
تمہارے درد کی اک میں دوا ہوں جان لو تم
اس دشتِ بے نوا میں اک نوا ہوں مان لو تم
پھر اک روز کسی دور دیس جا بسی وہ
ناحق، میری چاہت کو تھی ترسی جو
احساس جو کل بھی تھا ناظرؔ، ہے آج مجھے
زندگی بھر ہے چکانا پہلی محبت کا خراج مجھے

# کورا کاغذ

میں، کورا کاغذ اور خالی سا ذہن
گھنٹوں ان لکھے سے لفظوں کا کرب
مُجھ کو ہی سوگوار سا رکھتا ہے
کوئی انجانی سی تحریر کبھی
لفظوں کو موزُوں ہونے سے روکتی ہے
پھر بھی یہ ذہن کے کسی گوشے میں
قرطاس پہ بکھرنے کی آرزُو میں
مُجھ سے سرگوشیاں کیا کرتی ہے
میرے ہی تخیُّل کو جلا دیتی ہے
مُجھ میں کوئی برق سی پھر کوندتی ہے
اور تب وُہ تحریر جنم لیتی ہے
جس کو لِکھ کر میں حیراں رہ جاتا ہُوں

حیرت کے سمُندر میں غوطہ زن سا
خُود سے یہ پُوچھتاہُوں کیُونکر کیسے
یہ نقش بنا شبیہ بن پائی تھی
سچ ہے تخلیق اپنا رستہ یُونہی
قرنوں سے خُود ہی چُن لیا کرتی ہے

# زمانہ

ہو گلہ بھی کیا لوگو
میں تو ہر گز بُرا نا تھا
کہ میں تو بس زمانہ تھا
تُمہارے سنگ مُجھ کو ہی
تھا ہنسنا مُسکرانا تھا
کہ میں تو بس زمانہ تھا
ہاں تُم مُجھ سے نہ تھے ہر گز
میں تُم سے کُچھ جُدا نا تھا
کُچھ اپنے ہاتھوں سے تُم نے
جسے اچھا بنانا تھا
کہ میں تو بس زمانہ تھا
مُجھے چلتے ہی جانا تھا

کہ میں تو بس زمانہ تھا
مُجھے آئندہ وقتوں کو
تھا تُم سے اب مِلانا تھا
کہ میں تو بس زمانہ تھا
حسیں سا اِک فسانہ تھا
کہ میں تو بس زمانہ تھا

# رانی

خُوشبُو کے نگر کی رانی ہو تُم
اِک چنچل، مست سی جوانی ہو تُم
جیسے ہو صبا کے دوش پے تیرتی تُم
شفاف سے جھرنوں کی روانی ہو تُم

مدہوش نشہ ہو، جادُو سا ہو خُمار
جیسے کہ شراب اِک پُرانی ہو تُم
دائم حُسن وشباب کی مُورت ہو
کوزہ گری کی امر نشانی ہو تُم

ہو عشق نگر کے اِک باب ہی کی
بھُولی بسری کوئی کہانی ہو تُم
ناظؔر کے دِل کا ہو ارماں جاناں
جاں ہو مری، میری زِندگانی ہو تُم

# فون کال

ہوا کے دوش پہ اُس دِن جب پہلی بار
فون پہ تیری بجتے جھرنوں سی آواز
میری سماعتوں میں رس گھول گئی تھی
تیرے لہجے میں تب بلا کی ہی شوخی تھی
جسے اُس لمحے کوئی شرارت جان کر
تجھے کوئی انجان، اجنبی مان کر
میں نے پھر ریسیور ہی رکھ دیا تھا
تُمہیں دوبارہ کال سے منع بھی تو کیا تھا
پھر دِن میں کئی کئی بار لگاتار
مُجھ کو تیرے نمبر سے فون آتا رہا
تاوقتیکہ مجھے پہلی بار یوں لگا

کہ یہ محض تُمہاری شرارت نہیں تھی
پھر یُونہی باتوں کا انبار لگا تھا
بِن بات کیئے رہنا دُشوار لگا تھا
ہاں بس اِتنا یاد ہے میرا یہ پُوچھنا
کون ہو تُم آخر کس دیس سے آئی ہو
کیُوں تِتلی سی تُم یُوں اُڑتی پھِرتی ہو
پھر ہفتوں ہی بِن ملے وِہنا دیکھے ہی
ہوا کے دوش پہ فون کے اُس پار
ہمارے بیچ عہد و پیماں ہوتے رہے
ہم تُم اپنی اپنی رو میں بہتے گئے
یُوں لگا برسوں کی ہی شناسائی تھی
درمیاں حائل جنموں کی سی جُدائی تھی
پھر جب پہلی بار ہم سرِ شام ملے تھے
اور میں دم بخُود سا تُم کو دیکھے گیا تھا
اُسی پل یہ حقیقت آشکار ہوئی تھی
تُم حیرت انگیز حد تک ویسی ہی تھیں
جیسی دل کے آئینے میں مُجھے دِکھی تھیں

فون کی آدھی مُلاقات بھی پُوری تھی
یہ دلِ کرشمہ ساز جو سینے میں دھڑکتا ہے
ہوا کے دوش پہ، فون کے اُس پار، دُور سے ہی
سچ ہے کہ سب سُن لیتا ہے، دیکھ بھی لیتا ہے

# دسمبر

پھر تری یادوں کا دسمبر آ گیا
پھر ہوئے بے چین، جی گھبرا گیا
دسمبر کی وہ یخ بستہ راتیں
جو کبھی گزری تھیں سنگ ترے
رہ رہ کے پھر یاد آنے لگیں
یادوں کے دریچے کھلنے لگے
وہ تیری مہک پھر آنے لگی
تری قُربتوں کی وُہ خُماریاں
پھر سے ہیں بدن گرمانے لگیں
تُجھ سے بچھڑے برسوں گزرے
خدا خدا کر کے مہ و سال
تو اب گزرے ہی جاتے ہیں

دسمبر کی یہ سرد ہوائیں بھی
کیسی سرگوشیاں سنانے لگیں
جانے کتنے ہی دسمبر یُوں
یادوں کے عذاب کی نذر رہوں گے
دسمبر ہی کی یہ سردیاں کیُوں
بجلیاں سی ہیں گرانے لگیں

# خار اور گُل

گُل نے پُوچھا اِک دن خار سے مُجھ کو بتا
سُن یہ تیری میری رفاقت چہ معنی؟؟
خار بھی بولا تُو ناداں سمجھتا ہی کیا ہے
میں جو جُدا تُجھ سے ہُوں تیرا مُحافظ ہُوں
جو بھی ہاتھ اُٹھے گا تری عِصمت دری کو
پا کے مُجھے ترے سنگ ہو گا چو کس اِکبار
گُل نے کہا احسان ہے مجھ پہ مرے رب کا
کیا مامُور تجھے جو حفاظت کو میری
اب تک تھا میں مست اپنی رعنائی میں
کب جانا ترا ساتھ ہی تو مری زِندگی ہے

اظہر ناظؔر
رختِ سفر

# فردیات

چوڑیوں کی مجھے بھی کھنک یاد ہے
یار کی بخشی پہلی جھلک یاد ہے

---

اے دلِ خوش گماں غم نہ کر
میں ترے ساتھ ہوں جو کھڑا

---

عُمر بھر تیری یاد کا اب سفر کرنا ہے مُجھے
رستے میرے دِل کے کہیں اور نہیں جاتے کیا کرُوں

---

تری بے رُخی کے اِک لمحے نے
مُجھے صدیوں کی دُوری پہ لا چھوڑا

---

یہ حُسن و عِشق کا ہی جوڑ بھی نِرالا ہے
حسینوں کی بغل میں ہر سیاہ کالا ہے

---

تُجھ سے جو ہم یار انجھڑے ہوتے
تو تیری فُرقت کا رنج کرتے

---

حسرتیں رہ ہی جائیں گی باقی
اور دم تو نِکل ہی جائے گا

---

درد دربان بنا بیٹھا ہے
دِل سے تُجھ کو میں نِکالُوں کیسے

---

چہروں کی بِھیڑ میں اِنسان کہاں ہیں
اے زمیں تیرے نِگہبان کہاں ہیں

---

مِرے ہاتھ سے ترے ہاتھ تک کا یہ فاصلہ
رہا ہاتھ بھر کا ہی تھا مگر دو کِناروں سا

وقت کا ٹھہرا ہُوا پل اب نہیں ہُوں
قطرے سے ہی موج ہو جاؤں گا اِک روز

---

ماہ و سال تُجھ پے ہوں بے اثر
وقت بھی ہے تُجھ تک ٹھہر گیا

---

پڑھوں میں کب تلک پیار کا منتر
یہاں نفرت کا دستُور رائج ہے

---

تُو نے سمجھا ہے موسمِ دِل کو
مرے دِل پر یُوں حُکمرانی کی ہے

---

سُلگتے رہو اب عُمر بھر
مُجھے پا کے بھی کھو دِیا کیوں

---

وقت نے بس چاندنی گوندھی ہے تیرے بالوں میں
اے مری جاں کیا ہے بگڑا تیرا اِتنے سالوں میں

بڑی حسرت سے اب کے دیکھتا ہُوں نامہ بر کو میں
جواب کی بار بھی اُس در سے خالی ہاتھ لوٹا ہے

---

چاک پر رکھ کے مُجھے سوچنا کیسا
پھر سے اِک بار مُجھے مُجھ سا بنا ڈال

---

وقت سے آگے نِکلنا چاہا
وقت سے ہُوں کہیں پیچھے رہ گیا

---

یُوں تو اُس نے خُوشی اوڑھ رکھی تھی
مگر اِک درد تھا اُس کی باتوں میں

---

وُہ دِیں دُشمن خُدا کے بندوں کو آزار دیتے ہیں
وُہ بُزدِل راہ چلتے لوگوں کو بھی مار دیتے ہیں

---

تُجھ سے دوستی بھی غضب کی تھی
آج دُشمنی بھی تو خُوب ہے

تعلّق کے اُلجھے ریشم کو سُلجھانا چاہتا ہے
وہ شاید پھر سے مجھی کو یُوں تڑپانا چاہتا ہے

---

ندی کِنارے جلتے یہ جگنُو یہ سِتارے
شاید مری طرح سے ہی ہجر کے ہیں مارے

---

اِک ترے پہلُو میں جگہ نہ ملی
سو جتن ہم نے کر کے دیکھے ہیں

---

کُچھ اپنوں کے لئے ہی تھا جینا پڑا ہمیں
ورنہ اے زِندگی تُو بھی تو مہرباں نہ تھی

---

جلنے والے بہُت تھے مرے آس پاس
سو مُجھے اپنی لو کم ہی رکھنی پڑی

---

کبھی ارماں تھا میں شجر کا
کبھی میں بھی ہرا بھرا تھا

تیری قسمت میں جو کہ لِکھا نہیں
اِک دُعا سے وُہ بھی تو مُمکِن ہے

---

جینے کی کُچھ اور مُہلت مِل گئی ہے
آج مُجھ کو بھی محبت مِل گئی ہے

---

ختم بھی کر ڈالوں میں لِکھنا اگر
لفظ بیاں کو مچلتے رہیں گے

---

تیرے گُماں کو بھی سوچتا رہتا ہُوں
میں خُود کو تجھی میں کھوجتا رہتا ہُوں

---

ہیں زاوِیے تری نِگاہ کے بدل گئے
سبھی یہ کہتے ہیں کہ میں تو پہلے جیسا ہُوں

---

دِل یہ کہتا ہے میری بھی بات کر تُو
ذہن کہتا ہے ہوش کر جانے بھی دے

صلے کی دُھن کو تمنا نہیں ہوتی
دوست دُشمن کو وُہ دیکھا نہیں کرتے

---

کافی ایک کشمکش تھی حیات خُود میں جو
اُس پہ ہم نے سو بکھیڑے بھی پال رکھے تھے

---

محبتوں کا تسلسُل نہ ٹُوٹ جائے کہیں
سو کیا بُرا ہے محبت کا بارہا کرنا

---

تیرے بھی ہنا اب یہ کس کام کی میرے گو
ہر شام ہی سُندر ہے، ہر رات ہی دُلہن ہے

---

اپنے مطلب کی بات کرتا ہے
عِشق بھی اب سیانا ہو چلا ہے

---

پل بھر کی ہیں رفاقتیں عُمروں کے روگ ہیں
لمحوں کی شادمانی میں عُمروں کے سوگ ہیں

ہواؤں کی بھی تھوڑی تو آبرو رکھّی تھی
یُوں جو چراغوں نے بُجھنا پھر گوارا کِیا تھا

---

کُچھ ہم بھی مُعتبر ٹھہرتے ترے ہاں
محفِل میں ہم سے بھی تماشا نہ ہُوا

---

تُجھ سے جُڑی تھیں کبھی مری جاں
دیکھ وُہ دھڑکنیں مر چلی ہیں

---

تیری محفِل جمی ہم خاک نشینوں سے ہے
اِس نگر میں سبھی کا سِکّہ کہاں چلتا ہے

---

کوئی بھی سُن نئی سی دِل کی لگی
اے دِل اِس بار آخری ہو گی

---

میں نے سُنا ہے مُجھ سے رُوٹھا چاند اب بھی
پہروں ترے آنگن میں ٹھہرا رہتا ہے

تو تم نے بھی دیکھے ہیں کیا خُوشبُو کے بسیرے
گُلاب چہرے، گُلاب آنکھیں، گُلاب باتیں

---

چمکتا یہ روز و شب محبت کا آفتاب
اِدھر ڈُوب جائے تو اُدھر جا نکلتا ہے

---

کھائے ہیں پیار میں بھی تو کُھلے دھوکے
بِکے ہیں ہم سرِ بازار بھی اکثر

---

گمنامیوں کی تہہ میں گوہر ہُوں چھپا تا میں
دِن وُہ بھی تو آئیں گے جب نام ہو گا میرا

---

تیری گلی کو جو جائے
رستہ نام ہو اُس کا

---

ترے اِس زخم کی عِنایت ہے
کہ ترا ہجر اوڑھے جیتا ہُوں میں

مری جاں جب بھی تڑپ کے پکارا ہے تجھے دِل نے
مرے گماں نے ترے قدموں کی بھی چاپ سُنی ہے

---

اِک مُنافِق نہ ہو سکا میں
اور تو کیا کُچھ ہی ہو گیا ہُوں

---

رہے ہوں گے تیرے دِیوانے بھی بے شُمار مانا
بھری بزم میں دِکھا دے کوئی تو رقیب ہم سا

---

کوئی بھی رِشتہ محبت سے بڑا تھا ہی نہیں
سو تُجھے پانے کو میں نے یہ مُشقت کی ہے

---

ختم ہوتا نہیں آدمی کا سفر
آدمی ہے کہ خُود ختم ہو جاتا ہے

---

خوشی کی کہیں جو رمق دِکھائی دے جاتی ہے
مری حسرتیں سبھی جشن کو چلی آتی ہیں

گھٹا ہی دیں جو طاقِ دِل میں روشنی
ایسے چراغوں کا کرے کیا کوئی اب

---

کیا ستم ہے کہ میرے شہر کے پھُول
اب فقط قبروں ہی کی زِینت ہیں

---

روز دیتا ہُوں ترے در پہ صدا
روز مایُوس پلٹ آتا ہُوں میں

---

کیا لُبادے ہوس بھی اوڑھتی ہے
یہ زمیں اب بھی لہُو روتی ہے

---

ہو اب تری بھی وفا سے کیا گِلہ مُجھ کو
کیا ہی اچھے بھی دِن اس نے تھے دِکھائے کبھی

---

میں بھُولنا بھی چاہُوں جسے وُہ کیُونکر اب
پُکارتا ہے مُجھے دِل کے سرد خانوں سے

اپنے دوستوں سے ہیں اب وُہ اندیشے لاحق مُجھے
جو میرے سبھی دُشمنوں کے وہم و گماں میں نہیں

---

لِکھا کیئے تھے کل تلک تیری ہی فرمائش پہ ہم
شہرِ سُخن چھوٹا ہے، اپنا مان بھی تو ٹُوٹا ہے

---

کبھی نہ پا سکو گے تُم مِرے تخیُّل کو
جو چھو سکو مِری گردِ سفر کو تو مانُوں

---

یہ کیسا خالی سا پن ہے اب کے
تُو بھی نہیں ہے، میں بھی نہیں ہُوں

---

دیکھ رکھا ہے کیا کُچھ ہم نے
جا ترے ہجر کو بھی دیکھ لیں گے

---

پڑا رہنے دے کِسی کونے میں
اپنے در سے نہ یُوں اُٹھا ہم کو

چاہتیں بانٹنے نکلا تھا
نفرتیں میں اُٹھا لایا ہُوں

---

کل چاہ تھی جس کی تمہیں جاناں
سینے میں دِل تو اب بھی وہی ہے

---

تیرے بغیر دھڑکنوں کو بھی اب
میں زِندگی شُمار نہیں کرتا

---

مُعجزہ ہے کہ دِل کی نگری میں
لوگ مر کے بھی جیتے رہتے ہیں

---

لرزاں ہیں ترے لبوں پہ اب تک
وُہ بوسے جو میرے نام کے تھے

---

ہو سامنا جو میری تشنگی کا
تُو بھی برسنا بھُول جائے اِکبار

یہ مرے ہاتھوں کی لکیریں بھی
مجھے ہی چکمہ دیے جاتی ہیں

---

دُور رہ کر بھی میں اُن کی نظر سے
اُن کے حواس پہ چھایا رہا ہُوں

---

شاید محبت کم پڑ گئی ہے
ہے جا بجا نفرت کی مِلاوٹ

---

نُور سی پاک اِس دھرتی کے
زخم بھر کیُوں نہیں جاتے ہیں
نوچتے ہیں جو دھرتی ماں کو
توبہ کر کیُوں نہیں جاتے ہیں

---

کیُوں رنج کرُوں میں تیری دُشمنی کا
تُو میرے حِسابوں میں آتا نہیں ہے

---

کُچھ اِس سے پہلے کہ میں ٹُوٹ کر بکھر جاؤں
میں چاہتا ہُوں کہانی کا ہر ورق پڑھ لُوں

---

اپنے حصّے کی دُھوپ چھاؤں میں
زِندگی تُجھے جھیلتے ہیں لوگ

---

گیا ہے جاناں یہ جلدی میں ٹُوٹ
دِل بھی شِیشے کا بنا تھا جیسے

---

ہیں دِلوں کے یہ سودے
سستے میں نہیں ہوتے

---

کوئی تو تُم ایسی بات کرو
کہ بدن میں پھُول سے ہی مہکیں

---

اب تو مُدّت ہُوئی ہے ہم دونوں
رِشتہ اِس درد سے نبھا رہے ہیں

یہی سب لکھنا کہاں تھا ممکن
لفظ مُجھ سے جو نہ اُلجھے ہوتے

---

قدرے خاموش ہو گیا ہُوں
خُود میں رُوپوش ہو گیا ہُوں

---

ہیں کیا تیر کمانوں سے اُلجھتے دیکھے
ہم نے بے کار نِشانے بھی ہیں لگتے دیکھے

---

ٹھیک سے دِل کو لگانا بھی نہ آیا
آپ بھی کِسقدر بھولے بھالے سے ہیں

---

کہیں بوجھ سا دِل پہ تھا
میں سر سے اُتار آیا ہُوں

---

یقیں چاہت کا ہو چلا اُن کو
ہم کہ اِلزام کی حد سے گزرے

کیا پُوچھتے ہو اپنی امارت کی داستاں
ہم نے ہیں درد مول لئے ، غم کمائے ہیں

---

ہارے ہم ہُوئے اِنساں
مات سے نہیں ڈرتے

---

پڑے ہیں بھُول سے بچّوں کے لاشے ساحِلوں پر
نبھا دی دھرتی کے چارہ گروں نے رسمِ ستم

---

پہلے مرے دِل کو وہ توڑے ہے
کِس خُوبی سے جوڑ بھی دیوے ہے پھِر

---

پلٹ کے آنے کے تو نہیں بار بار ہم بھی
اے زِیست اِک بار ہی ہماری بلائیں لے لے

---

درد کہتے ہیں اِسے
نچلا کب بیٹھے یہ بھی

وُہ خُدا ہے سبھی کا آسرا ہے
کِس لِئے مُجھ کو بھی بِکھرنے دے گا
تھام رکھا ہے جِس نے آسماں کو
کہاں مُجھ کو بھی اب وُہ گِرنے دے گا

---

مر جاتے ہیں یہ دِل میں کہیں ناظرؔ
ارمانوں کے جنازے نہیں اُٹھتے

---

تیری ہر مات سے پہلے مرے بیٹے
اپنی ہر جیت میں تیری نذر کر دُوں

---

دِکھائے گی زِندگی کیا کُچھ
کیا کیا تو ہے دیکھا ہم نے

---

داغ بھی دے اے زِندگی اِک بار
تیرے ترکش میں تیر جتنے ہیں

---

درد اُٹھتا ہے تو معلوم پڑتا ہے
مٹی کا پُتلا زِندہ ہے ابھی یارو

---

اب جانے سے پہلے آخری سانسیں لے رہی ہیں
دمِ رُخصت بھی یہ حسرتیں کُچھ تو کہہ رہی ہیں

---

دوستی کا رکھ لیتا ہُوں بھرم
دوست اب میں کم کم ہی رکھتا ہُوں

---

نہ پُہنچ جو میں سکا اب جہاں میرا نام پُہنچا
ہے سُخن کی نگری میں پِھرتا مِرا کلام پُہنچا

---

لُقمہِ تر کی تلاش ہے کہاں لائی
آج مِری مٹی بھی ہُوئی ہے پرائی

---

جن کا ہم تعارُف تھے
آج مُعتبر ٹھہرے

میں بکھر بھی جاؤں تو میری خُوشبُو
بھٹکے گی گلشن کی ہوا میں پھِر بھی

---

تیرے ہاتھوں ہی تُجھ کو ہار میں دُوں
زِندگی مُجھ میں حوصلہ نہیں ہے

---

پکڑو جو اِک سِرا دُوجا چھُوٹ جائے گا
دھاگہ اُمّید کا جلدی ٹُوٹ جائے گا

---

نوچ کر ترے ہی اطراف کے اندھیرے میں
چاہتا ہُوں تیرے رستوں میں روشنی بھر دُوں

---

کیا کُچھ ہے کھویا اِن نشیب و فراز میں
یہ دستار بھی، جوانی بھی، زِندگانی بھی

---

کہیں تھک کے میں بھی گِر ہی گیا ہوتا
مُیسّر جو نہ تیرا آسرا ہوتا

ہے کہانی وہی پُرانی ہے
نئے انداز سے سُنانی ہے

---

اس بدن کے ہی یاں جانیں کرب سبھی
رُوح کا دُکھ کوئی جانتا نہیں ہے

---

یہ سرِ تسلیم خم جو ہوتا کم ظرفی کے آگے
آج اِس ہنگام میں ہم بھی بڑے قد والے ہوتے

---

تیرے میرے خوابوں کی سرحدیں نہیں مِلتی
تُو ہی میری اِن آنکھوں میں بسے بھی تو کیسے

---

بڑی عُجلت میں وہ جا کے بسا غیر کے ہی دِل میں
مکیں تو کب کا چلا گیا، ساماں باقی ہے

---

کیسے میں لِکھ دُوں کھُلا یہ جھوٹ
لفظ میرے غُلام کب ہیں

مُجھ میں اب بھی ہے وُہ موجُود یہیں
اپنی دانست میں جو جا چکا ہے

---

جواز اُس کے ہاں بھی نہ تھا کوئی
یہ ساتھ میرا اب مسئلہ نہ تھا

---

سفیرِ محبت تھا میں
ہے نفرت نے مارا مُجھے

---

تُم کو پانے کی اِک تمنا میں ہم نے
کیسے کیسے کم ظرفوں کے ناز اُٹھائے

---

میں تعلّق کو نہیں بیچتا اپنے
جذبوں میں یُونہی خیانت نہیں کرتا

---

چٹان ایسے حوصلے کو چیر دے
اُس ایک شبد کو اُداسی کہتے ہیں

دیکھنا وقت کروٹ لے گا
میں تُمھیں یاد پھر آؤں گا

---

تُم سا ہی دُوجا تراش لیں گے
اِک پتھر اپنی نظر میں بھی ہے

---

وقتِ رُخصت ترے لہجے میں کیسی وہ
ان کہی سی جُدائی کی تمہید تھی

---

کُچھ تو حائل رہا وہ پہلا پیار
بعد کی میری سبھی چاہتوں میں

ریزہ ریزہ سمیٹا میں نے
اپنے اندر کا اِک ٹُوٹا شخص

---

اب آنکھ سے دِل کا فاصلہ ہی کتنا تھا
جہاں پُہنچنے میں مُجھ کو تو زمانے لگے

مُحبت کو میری خطا جانتا ہے
عجب شخص ہے وُہ کیا جانتا ہے

---

دُور رہ کر پاس ہم تھے
پاس رہ کر دُور ہم ہیں

---

یہ کیسا پانیوں سا شور اُٹھا مرے بھی اندر ہے
مِرے ہی ضبط کا آنسو بنا کوئی سمُندر ہے

---

ابھی حیرتوں کا در ہے کہ کھُلا ہی چاہتا ہے
ابھی وقت نے ترے چہرے پہ لِکھا ہی کیا ہے

راہ میں ہی جو مِل گئی تھی مُجھے اِتفاق سے
ہاں وہی اِک محبت انمول سی ہار دی میں نے

---

دِل پر کندہ رہے تیرے نام کے لفظ سبھی
جن کی خُوشبُو سے میرا وجُود مہکتا گیا

میں اِس عہدِ ملامت کا ہُوں مخمور
ہو تیری داد کی خواہش کیُوں مجھی کو

---

سیکھے ہیں کہاں سے یہ آدابِ محبت
دِل فُرقت میں بھی تو شِکایت نہیں کرتا

---

دل کے میرے کاسے میں پیار کی نقدی بھی اب
چند ہی کھوٹے سِکّوں کے سوا کیا ہی ہو گی

---

تیری ہی دی درد کی سوغات کو میں نے بھی
آ دیکھ کِس طرح لفظوں میں پرو ڈالا ہے

---

ہر غمِ تازہ کو یُوں بھلا دیتا ہُوں
چوٹ پڑتے ہی اب مُسکرا دیتا ہُوں

---

اُس کے خوابوں کو ترستی ہیں یہ آنکھیں
میرے ہی خواب اُسے سونے نہیں دیتے

عجب مُجھ سے وُہ مُنصفی چاہتا ہے
مِرا دُشمن اب دوستی چاہتا ہے

---

اِک تری وُہ واجبی سی نِگاہ بزم میں
آج مُجھ کو بھی خواص میں شُمار کر گئی

---

اب کے تُو واعظ کوئی تو ایسا فتویٰ بھی لا
نظروں سے جو مار ڈالے وُہ گُنہگار ہو

---

وصل کا ترے اِمکان کہاں ہے
جینے کا مِرے سامان کہاں ہے

---

میں نے تراشے ہیں خُود سے ہی ترے خدوخال
برسوں ترے تصوُّر سے میں نے پیار کِیا ہے

---

سرِ بازار ہی جو بِک رہی ہے
کہیں یہ دیوی محبت تو نہیں

ختم کیسے یہ سفر ہونا ہے
کب یہاں یہ کسی نے جانا ہے

---

ہم راز ہوتا مُیسّر، درد آشنا ہی ہوتا
احبابِ بے ثمر میں کوئی تو ہم سا ہوتا

---

موسموں جیسا بدلنا کوئی تُم سے سیکھے
دُنیا کے ساتھ بھی چلنا کوئی تُم سے سیکھے

---

اک بارِ اُلفت تو تُمہی سے اُٹھ نہ سکا
ارمانوں بھرا یہ دل کیسے تُمہیں سونپ دیں ہم

---

تیرے دم سے تھی کل کی ہر خُوشی جاناں
آج ہر غم پہ تیرا نام لکھا ہے

---

میں چاند لے آوٴں گا، تُم تارے بھی چُن لانا
میں سیج سجاوٴں گا، تُم سپنے ہی بُن لانا

اِک بھرم تھا تری رفاقت کا
پر کیا فاصلے بھی درمیاں تھے

---

اب کُچھ تو نسبت اُس کو میرے وجُود سے تھی
میں جو ہُوں بکھرا فنا وہ بھی ہو چلا ہے

---

اِس سے بڑھ کے اپنی بھی کیا رُسوائی ہو
بزم تیری میں رقیبِ ہرجائی ہو

---

کیا ہی عجب سے وسوسے میں مُجھے ڈال رکھا ہے
اُس نے مِرے بھی نام کا سِکّہ اُچھال رکھا ہے

---

ہزار تشنہ سی حسرتوں کے بوجھ تلے
یہ جو دھڑکتا ہے، دِل کمال کرتا ہے

---

سامانِ عیش خُوب مُیسّر تھا
دِل اپنا ہی بے اِیماں نہ ہو پایا

یہاں حسبِ توفیق شاخِ ثمر پہ ہی ڈیرا ہے ڈالے چمن کا ہر اُلّو
مرے دیس کے جوہرِ قابل اب جُرمِ دانش کے ٹھہرے خطاکار بھی ہیں

---

آیا جو توڑنے کو اِک جہاں تھا
پر مُقابل میں بھی تنہا کہاں تھا

---

وُہ مرے سامنے جب ہوتے ہیں
دِل تکلّف بھی بہت کرتا ہے

---

یاں دل کا یادوں سے ہی تو بہلنا لازم نہیں ہے
لِیا کرتی ہے بغاوت جنم ہر ہر جبر کے بعد

---

مُجھ کو سفر ہے درپیش اب اُن کی گلی کا
اِن دھڑکنوں سے کہہ دو اوقات میں رہیں

---

ہے گُماں اب اُسے میری آنکھیں نہیں
شب و روز اِن میں جو دُھول جھونکتا ہے

اب ترے نہ آنے کے سو بہانے ہی سہی
چاہ دیکھ میری، آج میرا اِنتظار دیکھ

---

اب بھُول کے تیرے در کی بھی رُسوائی
پھر چل پڑا تیری اور دِلِ سودائی

---

جہاں تیری تمنّا کے سلسلے تھے
وُہ شہرِ آرزُو ہم چھوڑ آئے جاناں

---

چاند سی ٹھہریں تُم بھی تو جاناں
کہاں میری بھی دسترس میں ہو

---

یہ نگری، کانچ کی نگری
جو پل میں ٹُوٹ جاتی ہے

---

تیرے جاناں کُوچے والوں کے دل پتّھر کے ہیں
درد بویا کرتے ہیں، درد کاٹا کرتے ہیں

ایک شب کی ہی جاگیر تھا
اُس کی بھی قُربتوں کا غرور

---

اُس کی باتیں لہو رُلاتی ہیں
جو کہ مُجھ سے ہی بولتا بھی نہیں

---

قفس سے اب تُو مُجھ کو بھی ڈراتا ہے کیا صیاد
تُو کرلے قید مُجھ کو راس آئے گی اسیری بھی

---

پانچواں ہووے ہے دِل کا موسم
کبھی ہے تولہ، کبھی یہ ماشہ

---

مرے ہاتھوں کی لکیروں سے اب تُو نکل بھی آ
کہ عُمروں کی اب یہ ریت پھسلی ہی جاتی ہے

---

ٹکر ٹکر دیکھتا ہُوں آسماں کو میں
یہ دھرتی کے دیوتا مُجھے جینے نہیں دیتے

کیوں قدم قدم پے ہی رستہ روک لیتا ہے
کاہے مہرباں اِسقدر یہ زمانہ مُجھ پر ہے

---

وُہ مانگتا ہے مُجھ سے چاہت کے ثبُوت اب بھی
اب تک کی پرستِش کو وُہ خاطِر میں نہیں لاتا

---

شعُور کی دُکانوں پہ بارہا ہم نے ہیں
یہ حرف بِکتے دیکھے ، قلم بھی بِکتے دیکھے

---

آج درد کی گھڑی وُہ تو چھوڑ چلا اِک
چاند تارے بھی لانے کی جو بات کرتا تھا

---

خُود کو نہیں زمانے کو دستیاب ہم ہیں
اوروں کو اِک حقیقت خُود کو سراب ہم ہیں

---

سمٹے بھی تو دوچند ہی رہے
فاصلے کُچھ ایسے انا کے تھے

پہلا پتھر مارنے کی عُجلت اُسے ہے
ناظرؔ جو خُود میں بھی گُنہگار بُہت ہے

---

بغیر دستک کب ہے کُھلا کوئی بھی در
خُدا سے مانگنے کو بھی دُعا ضرُوری ہے

---

ذرا دیر کو ستا لُوں
دمِ زِندگی دِھیرے چل

---

برسوں خُود سے میں اُلجھا سا رہا ہُوں
اِختلاف اب مِری عادت ہو گئی ہے

---

مہکتا ہے ترا لمس، اِک خُمار سا
ہاں آج بھی تو مرے انگ انگ میں

---

رستہ کوئی بھی تو تیرے دل کا اے خانہ خراب
چاہیں ہم بھی تو نہ ہم دیوانوں تک آئے کبھی

آج راہ کی ہر دِیوار ڈھا دی ہم نے لو
زُعم جس بھی پتھر کو ہو وُہ سامنے تو آئے

---

ہم نے انا کے ہاتھ بیچ ڈالے
اب ہائے کیسے کیسے ہی نگینے

---

پیار کا اِک سفر ہے جاری
منزِلوں کی طلب کسے ہے

---

کیسے یہ پہرے دل کے بھی تیرے در پر ہیں
کہ محبت کو بھی کہیں سے رستہ نہیں ملتا

---

ہے ترکِ اُلفت کے بہانے ڈُھونڈے
یہ میرے دِل کو بھی ہُوا کیا ہے

---

گو یہ رُت بھی ہے سرد سی لیکن
یہ ترے لہجے جتنی سرد نہیں

ترا بھی حُسن بیاں کی گرِفت میں نہیں آتا
سُخن وری میں دیگر کمال رکھتا ہُوں میں

---

چُن لیجئے کُچھ میری بھی ڈائری سے آپ
یاں زر و جواہر کے انبار لگے ہیں

---

نسلیں تک تو اُجاڑ ہی ڈالی ہیں تُو نے
اے دمِ عِشق اب اور کیا چاہتا ہے

---

تُو مُجھ کو راس آ بھی جائے تو کیا
میں خُود کو بھی راس اب نہیں ہُوں

---

زِندگی کا ہے زہر اِسے دِھیرے نوشِ جاں کیجئے
قطرہ قطرہ ہے قیمتی کل پہ کُچھ اُٹھا لیجئے

---

اِک روز جل بُجھے گا یہ شہر سارا ہی
لاگی جو اب حسد کی ہے، آگ ہی تو ہے

ہاں بھلا ڈالا ہے اُس نے ہمیں سچ ہے
یاد رکھنے کے قابل بھی کہاں ہم تھے

---

دِل کو مارنے سے بھی آج کیا ہی حاصِل ہے
یہ دِل اب صفِ جاناں میں مرے مُقابل ہے

---

اِس ہوش اُڑاتی گرانی میں بھی تو صاحب
اِک مُفلِس کے ہی پیار کا کوئی مول نہیں

---

کانپ اُٹھتا ہُوں یہ سوچ کر اکثر مرے خُدا
روزِ حِساب کیسے ترا سامنا ہوگا

---

موسموں سے ہو آس کیسی اب
جبکہ دل کا ہی موسم ایک ہو

---

جِسم کی چاہتوں سے ماورا ہے
عِشق کا ربط رُوح سے جُدا ہے

طور سب اب عاشقانہ مانگتا ہے
دِل دھڑکنے کا بہانہ مانگتا ہے

---

یہ تشنہ لبی تو اِک فریبِ نظر ہی ہے
کہ میں خُود میں بھی تو اِک سمُندر سمیٹے ہُوں

---

لے لیجئے نِشانہ ہی دِل کا آپ
درد آپ کا یہیں کہیں رہتا ہے

---

کیُوں نہ ہوں اب حُوریں ہی درکار اُن کو دِلبری کو
ایک زوجہ ہو یہاں مُیسّر جنہیں کُل زندگی کو

---

زُباں خاموش بھی ہے تو کیا بُرا ہے
بدن سے لہریں باہم آ جا رہی ہیں

---

تیرے جذبوں کی ہی تپش نے کیا برف ہے پگھلا دی
اپنے سینے میں بھی یہ دِل ہے پھر سے دھڑکنے لگا

زِندگی اور دغا نہ دے مُجھ کو
اب وفا کر یا تیاگ دے مُجھ کو

---

دیتی رہیں صدائیں بھی منزلیں جسے
وہ تو ترے ہی نقشِ پا کا اسیر تھا

---

جس کا شاید تُجھے ملال نہیں
بے رُخی تیری جاں کو آئی ہے

---

ماند پڑ جاتے ہیں یک لخت اپنے سب غم
سامنے پاتے ہیں تیرا چہرہ جب ہم

---

دِل سا مُنصِف کہاں ہو ناظؔر
خُود کو جھٹ پٹ سزا سُنا دے

---

سُنتے ہیں اُن کے ہاں اب کے مُنادی ہے
عِشق جو اب اِدھر کو آئے مارا جائے

کہاں معلوم تھا ہمیں بھی اب
کہ محبت یُوں آڑے ہاتھوں لے گی

---

زخم اپنے ہیں تو خُود ہی چاٹتے ہوں گے تُمہیں
گھاؤ گہرے ہوں تو بھرتے اِک عُمر ہی لگتی ہے

---

میرے نینوں نے یُوں سپنے تُمہارے دیکھے تھے
ڈُوبتے کِسی نے جیسے کِنارے دیکھے تھے

---

پھر نکلے وُہ رُخِ زیبا کو لئے ابھی
جیسے ہو چاند نِکلا بدلی کی اوٹ سے

---

چھو رہا ہے اب اِنتہاؤں کو
درد آج تو جاں سے گُزرے گا

---

حُسن جو پلکوں کی دہلیز پہ تھا
ہم نے بھی فٹ آنکھوں کو چُوم لیا

ایک تو آرزوئے وصلِ جاناں میں
جو بھی تصویر ملی رنگ دی ہم نے

---

اشکوں کی بھی جھڑی کا کیا کیجئے
موتیوں سی لڑی کا کیا کیجئے

---

ہم نے بڑے قرینے سے دِل کو سنبھال رکھا تھا
اِک تری گلی میں جو آیا تو یہ دربدر ہُوا

---

کیا اِس دفعہ بھی میری ہی عید کو مُجھ تک ہی
نم پلکوں کی راہگُذر سے ہو کے آنا ہو گا

---

کیسی کیسی ہی گُزری اِس پہ بھی قیامت ہے
پھر بھی دِل مرا ٹکڑوں میں سہی سلامت ہے

---

نُور کو یُوں مرے ساتھ میں کر دے
اے خُدا مری بھی جھولی کو بھر دے

تیرے گُزرے کل کی چاہت ہم بھی تھے
کل تلک تیری ضرُورت ہم بھی تھے

---

درد جب بے لباس اچھا نہ لگا
بے وجہ مُسکرانا آیا ہمیں

---

تیری چاہت نے لگا ہی دیا پار
ورنہ یہ زِندگی کس کام کی تھی

---

بھلا بھی ڈالے ہیں میں نے ترے دیے گھاؤ سب
پُرانی باتوں کا اب میں تذکرہ نہیں کرتا

---

ہے سبھی کُچھ پھُونک کر اِس عِشق میں اب
روز جلانے کو یہ دِل ہی بچا ہے

---

سینے میں یہ دِل اب بھی دھڑکتا ہے مگر یارا
پہلے سی ترے نام کی تکرار نہیں کرتا

تُو نے جس کی تھی طرح ڈالی دِلِ مُفلِس میں
غم کا وُہ سِلسلہ ہے دُور بُہت جا نِکلا

---

زمیں زادوں سے تنگ یہ لوگ اب
آسماں میں رفیق ڈھونڈتے ہیں

---

تُجھ سے نفرت کی وجہ بھی
یہ مِری چاہت ہی تو ہے

---

کہیں ترا یہ تغافُل تُجھے پشیماں نہ کر دے
کہ آج دیکھ سرِ بزم کتنی نظروں میں ہُوں میں

---

دِل پہ وُہ قیامتیں ہیں گُزر چلیں کہ اب
حشر ہو بپا تو ہنگام آج کُچھ نہ ہو

---

من کی ہی تِتلیاں اُڑا دیکھو
شہرِ دِل کو تُم اب بسا دیکھو

اِتنی بے مہری سے تُو مرے جذبوں کو نہ روند
باقی ہے میرے دِل میں ترا کُچھ لحاظ ابھی

---

ہے دُکھ کی نگری میں تُم سُکھ کے بیج بو دیکھو
کہ آج کی کونپل کل گھنا سا پیڑ ہو گی

---

میرے بدن کی ڈالی بھی تیری مُنتظِر ہے
تُو مُجھ تلک پہُنچنے کی اب سبیل تو کر

---

تم پہُنچنے تو دو انہیں مُجھ تک
یہ مِری خُوشیاں اب سفر میں ہیں

---

میری اِن مدہوشیوں میں دخل تُجھ کو بھی تھا جاناں
آ ذرا اب ہوش میں لانے کا تُو سامان بھی کر

---

میں تو موسمِ دِل ہُوں
لمحوں میں بدلتا ہُوں

اِتنی دُشوار بھی زِندگی اب نہ تھی
اپنے ہاتھوں ہی جتنی بنا ڈالی آج

———

جو خزاؤں کو سونپ جائیں خُود
ایسی ہم بہاروں سے باز آئے

———

اُداس رُوحوں کو بھی اب بدن دے ڈالے ہیں
ہے ہم سوں کو بھی اُس نے چمن دے ڈالے ہیں

———

زِندگی کی تلاش میں ہم
موت کا در بھی کھٹکھٹا آئے

———

کسے معلُوم تھا خواب آنکھوں کے چُرا لوگے تُم
اِک محبت کی ہمیں ایسی سزا دو گے تُم

———

کٹ بھی سکتا ہے یہ سفر ہی اب
راستے اگر ہم سفر ہو جائیں

کُچھ سُجھائی جب مُجھے دیتا ہی نہیں
اپنے سپنے بیچنے چل پڑتا ہُوں میں

---

کیسا ہے حال اُن کا قاصِد سے پُوچھئے
دِل کے ہی ہوتے ہمیں یہ حاجت نہیں

---

فریب ہے یہ محبت ہی خُوب جانتا ہے
یہ پھر بھی روز نیا دل فریب مانگتا ہے

---

اِن پتّھروں سے دوستی جو کی ہے
تو ڈرنا پھر کیا سنگ باریوں سے

---

خواہشوں کے ہی بھنور میں گھُومتا اِنساں
اب رُکے جو پل دو پل تو شُکر بجا لائے

---

خاک ہی ہو جائیں گے یہ حسیں بھی ایک دِن
چار دِن کی چاندنی بھی پڑے گی ماند تو

دیکھی تری عاشقی بھی جاناں
اب کوئی بھی آرزو نہیں ہے

---

حُسن کو چھپا رکھ
یا خُود کو عیاں کر

---

تُو فقط میرے دُنیاوی حوالوں پر ہی نہ جا
مُقدّم سی سِفارِش میری عرشِ بریں پہ بھی ہے

---

میرے آنگن میں یہ بکھری ہے راکھ ارمانوں کی
سُن اے پگلی پون سُن تو چل آہستہ ذرا

---

میرے بعد ایسے ستمگر تجھ کو بھی
کیا کِسی نے مُجھ سا ہی چاہا ہوگا

---

آج توڑا ہے جو تیری بھی یادوں کا حِصار
دیکھ لو کتنے ہی تنہا سے ہم ہو چلے ہیں

طبع آپ کی بھی صحرا نوردی سی ہے
اور سینے میں ہم بھی ایک دشت رکھتے ہیں

---

جنوں کی پیاس ہے یہ جاناں
دو ہی پل میں کیا بجھے گی

---

شرما دے چاند کو بھی جو اب
یہ حُسن چیز ہی ایسی ہے

---

ظرف میری انا کا دیکھو
ہے کیا کُچھ یہ جھیل جاتی

---

یہ واقعہ ہے کہ اِک تیرے سِوا زِندگی
تُجھ میں گُزر کا سبھی ساماں مُیسّر رہا

---

میرے بھی حصّے کا آسماں تُو رکھ
مُجھ کو تو اپنی زمین بُہت ہے

کِس میں ہے دم کہ اب آئینہ دیکھے
خُود سے ہی خُود کو بھی برہنہ دیکھے

---

بُہت سہل ہے جانتا جس کو وُہ
جُدائی یہ مہنگی پڑے گی اُسے

---

لئے سے پھرتا ہُوں اپنی چاہتوں کے عذاب
میں آج اور محبت سے باز رہتا ہُوں

---

کھڑا ہُوں جو کٹہرے میں میں
آج پتّھر بھی بول اُٹھے ہیں

---

غم جو میرے مُقابل آ جائیں اب
اُنہیں میں ہنس کے ٹال دیتا ہُوں

---

تشنہ سا اِک سوال باقی ہے ابھی
دِل میں گردِ ملال باقی ہے ابھی

خواب آنکھوں کے اُڑ گئے شاید
جبھی یہ آنکھ پتھرا گئی

---

اِک ترا ساتھ غنیمت تھا مجھے
ساری اب دُنیا کی چاہت کسے تھی

---

ہیں تعلّق توڑ کر کِسقدر خُوش اب
پھُول سے نازُک مگر سفّاک سے لوگ

---

ترا بھی درد جہاں تک مُقیم ہے
کِسی دوا کا وہاں سے گُزر نہیں

---

شوخ و چنچل اِک زُباں اُردُو بھی جہاں میں ہے
یار لوگ جس کو گھر کی ہی باندی کہتے ہیں

---

دیکھیے اب کے برس سالِ نو کیا لاتا ہے
کِس کو ہنساتا ہے یہ کِس کو رُلا جاتا ہے

یُوں تو وہ انا پرست مُجھے کیا ہی دیتا ہے
زمانے کے سرد گرم سے بچا ہی لیتا ہے

---

تنہائیاں بانٹنے کی یہ سزا پائی ہے
اب میرے بھی سنگ میری اپنی تنہائی ہے

---

اُجلے چہروں میں چھپی دشت سی ویرانیاں ہیں
حُسن کو بھی یہاں درپیش اب ارزانیاں ہیں

---

پھر جی میں تیرے ملال آئے
پھر ہمیں گُزرے خیال آئے

---

نہ اِتنی مٹّی اب ڈالو مُجھ پہ چمن والو
کہ جی اُٹھوں میں تو سانس بھی نہ لینے پاؤں

---

جاں بخشی ہی نہ گئی اپنا سر گیا
ضمیر زِندہ رہا اور میں مر گیا

سو رہے موت کی آغوش میں جا کر
زِندگی بھی جنہیں حد سے ہی پیاری تھی

---

دِل کی دھڑکن نے بھی کیا شور مچا رکھا ہے
اِتنا ہنگامہ تو تیری دید کا بنتا ہے

---

دو سطریں مجھ کو بھی ہوں عطا اب
میرے بھی دو حرف سند پائیں

---

چھپا بھی اب لیجئے اپنے بدن کی چاندنی کو
کہ چھلکا ہی جاتا یہ جامِ آرزُو ہاتھ سے ہے

---

مٹی کے پُتلے میں ہے مہماں مگر
رُوح کا بھی چارہ گر کوئی تو ہو

---

دِل پہ تھا تیرا ہی راج یارا
نام کو سلطنت تھی ہماری

اطراف میں تھے دوستوں سے دُشمن
میں چاروں طرف سے گھرا ہُوا تھا

---

فریب اب میں کھاتا نہیں ہُوں
مِرے چارہ گر کُچھ نیا سوچ

---

اوڑھ کر اپنی بے حِسی سو رہے ہم
درد جانے، زخم جانے، کرب جانے

---

نئے سال کے اوراق پر بھی تو ثبت ہیں
وہی حسرتیں دِل کی، وہی خاکسارِیاں

---

مُجھ میں اب تک ہے دھڑکتا جو
کیسے کہہ دُوں جُدا مُجھ سے ہے

---

جو بھی مانگے گا اِذنِ کلام
خامشی سے بکھر جائے گا

بنتے ہو انجان ہم سے
کل یہ اُلفت تمہیں بھی تھی

---

ترے لبوں سے جو تیر نکلے
ہیں دِل جگر کو بھی چیر نکلے

---

اب رائج ہیں بازار میں تو یہی کھوٹے سکّے
تیرا سونا چاندی ترے کام نہ آئے گا

---

تُو آشنا ہے تو بھی شناسائی تک ہی رہ
اِس بے تکلّفی کا میں قائل نہیں ہُوں اب

---

جی چاہتا ہے گرا دُوں اِن بادبانوں کو اب میں
باہر بھنور سے جو میری کشتی کو آنے نہ دیں گے

---

جُدا زمانے سے میرا مزاج تھا
جُدا زمانے میں جینا پڑا مجھے

زمیں پہ صُورتِ خاک جو بکھر چلے ہیں
فقط یہ پنچھی اِدھر کے اب اُدھر چلے ہیں

---

ہم سے بے اعتباروں کا کیا ہو بھرم
پل میں رو دیتے ہیں، پل میں ہنس دیتے ہیں

---

ڈسا ہُوں میں محبت کے ہی ہاتھوں سے
مُحبت ہی فقط تریاق ہے جس کا

---

میں ڈھونڈتا ہی رہا ہاتھ کی لکیروں میں
جو میرے دِل پہ لکھا تھا وہ نام کس کا تھا

---

ہُوئی ہے رات بھی پاگل ترے مِلن کو سُن
اے میرے چاند کہیں سے تُو اب نکل بھی آ

---

رُکے بھی تو قدم کہاں آ کر
تری دہلیز تھی، بُلاوا نہ تھا

مرے جاتے ہیں نام کو کیسے لوگ
اِدھر نام ہی تو ہے بدنام اب

---

ہو ہنستے بولتے ہم سے بھی تُم رقیب سے بھی
تُمھی بتاؤ کیا ہم گماں کریں تُم پر

---

کِسی اور تعلّق کا تُو واسطہ دے
مُحبت پہ مُجھ کو یقیں اب نہیں ہے

---

حیرت مُجھے اُن سب خوابوں پہ ہے
ہو کے پُورے بھی جو تشنہ ہی رہے

---

تیرے در سے وفا کو اُٹھا لایا ہُوں
اپنی میں کی خطا کو اُٹھا لایا ہُوں

---

آج کے دور کا ٹھہرا یہ الم
ایک کی ہے خُوشی، دُوجے کا غم

دِل پہ مرے یہ بے اِختیار رقم ہے
کورا ہے کاغذ بس اِنتظار رقم ہے

---

کبھی جو آئینے کو دِل کے مُکدّر دیکھوں
تو میں پہروں تری تصوِیر میں گُم رہتا ہُوں

---

ہو ہم سادہ دِلوں سے درگُور شہرِ تماشا میں
مُروّت کو بھی ہم صاحب محبت جان لیتے ہیں

---

بھلا تو اُن کو بھی میں پایا نہیں
یاد رکھنے کے نہ لائق تھے جو

---

اب کی بار اُس کے پاس ہارنے کو
حوصلے کے سِوا بچا کیا تھا

---

رشک آتا ہے گُلابوں کو دیکھ کر ترا رُوپ
گالوں کے اِس بھنور پے ہے دِل نِثار جاناں

اُدھر پھولوں کی سسکیاں کون سُنتا
کہ خوشبو کے بازار میں سب لُٹا تھا

---

میرے دِل پہ جو بار ہیں سُن
کہہ دُوں گا میں وہ لفظ سارے

---

ترے نہ آنے سے ہو اب کیا غرض ہم کو
ترے سوا بھی ہیں دِل کے اُمیدوار بہت

---

تیری بھی سادگی پر جو مر گئے ہیں جاناں
تزئین جو دیکھتے تیری تو کِدھر کو جاتے

---

پسپا ہُوا کھا کے نہ حسینوں کی نظر کے تیر
دِل کو ہیں رواہی شب و روز ایسی حسیں جھڑپیں

---

ہم خستہ حالوں سے پریت
سودا سمجھو خسارے کا ہے

ناصحو، رہبرو، چارہ گرو
ہو جو کلام تو دِل سے ہی ہو

---

زِندگی کر اجل سے نہ اٹھکھیلیاں
موت سُن لے کِسی کو نہیں بخشتی

---

میں طے کرتا گیا جُوں منزلیں شہرِ تمنا کی
نئے ہر موڑ پر ہی راہزن تھے مُنتظر میرے

---

جاتی رہے گی شان و شوکت، ظُلم بھی مِٹ جائے گا
لی آہ جِس نے خلق کی وُہ مُہرہ ہی پِٹ جائے گا

---

گھڑی بھر تو مچلنے دے صیّاد
کون سا ہم بھی بھاگے جاتے ہیں

---

درد ہی درد کا جب ہو علاج
چارہ گری ہے بے کار اُدھر

اِس سے پہلے کہ بھرم اُٹھ جائے
چاہتا میں بھی ہُوں تُو لوٹ کر آئے

---

کہہ دو جو تُم تو ہم مان لیں
اِس خرابے میں سب اچھا ہے

---

کون ہے جو محبت کا مارا نہیں
اپنا اپنا سبھی غم لئے پھرتے ہیں

---

میں تو بدلے میں ساری دُنیا دے دُوں
ملے جو مُجھ کو دِلبری تیری

---

زاوِیے سوچ کے بدلتے ہیں
یہ حقیقت نہیں بدلتی ہے

---

تیرے نام کی مالا ہے جپی
دِل نے تیری ہی چاکری کی ہے

کل تلک تھے جو بھی کورے کاغذ
آج اُستاد بنے بیٹھے ہیں

---

نقش دِل پر ہیں جو کرم تیرے
کہاں ہم سے بھلائے جائیں گے

---

میں نے دیکھا ہے کئی بار پلٹ کے
تُم کہیں بھی تو دِکھائی نہیں دیتے

---

حُسن والوں نے نہ چھوڑی کوئی کسر یُوں تو
پارسائی کی مگر ہم نے قسم کھائی تھی

---

نارسائی بھی ہے اب تو پارسائی ہی اِدھر
فرق ہے گویا زمیں اور آسماں سا دونوں میں

---

میری بھی دسترس میں ہوتا کاش
تیرے بازار کا کھرا سِکّہ

جانے کیا تھی مصلحت اب کہ کوزہ گر نے بھی
چاک پر ہی چھوڑے شہکار ادھورے کیا کیا

---

یہ ہے حرف کی توقیر کا اب معاملہ
ہو سکتا نہیں سمجھوتا کچھ بھی اِدھر اُدھر

---

پڑھ چکے آج وہ کچھ بھی بچے ہیں جو
اِس سے پہلے بڑوں نے سُنا تک نہ تھا

---

حادثے ایک دم بھی ہونے لگے
وقت کا ضبط دے گیا ہے جواب

---

کیا روندا ہے اِن حریفوں کو
آپ کی ترقی تو بنتی ہے

---

نیند اُس کو بھی نہ آئی ساری رات
کانٹوں پر ہم بھی تھے لوٹا ہی کیے

ترے بخشے غم کا ہے اعجاز
کہ مرتا نہ جیتا ہے کوئی

---

اپنے من میں سوچا ہے اِس بار ہم
جو بھی جھک ماریں گے دِل سے ماریں گے

---

ہیں عقل کی دسترس سے باہر
یہ دِل کی رمزیں، یہ دِل کی باتیں

---

ہے یقیں مُجھ کو وفا پے تیری
اپنی وحشت سے ہی ڈر لگتا ہے

---

پریت میں کیسے فائدے اور کیا خسارے ہیں
رہ جاتے ہاتھ میں کُچھ اَدھورے سے وعدے ہیں

---

سبھی حسینوں میں یہ بات مُشترک سی ہے
کہ دیکھتے ہی اپنے سے وُہ لگتے ہیں

ترے دِل سی کوئی جگہ نہ مِلی
سو ٹھِکانے ہیں بدلے ہم نے بھی

---

دیکھ کر تجھ کو مچلے نہیں
ایسا بھی دِل کہاں اب ہو گا

---

آئینہ جھوٹ بولتا ہے
تُم رشکِ آئینہ ہو جاناں

---

آخری زِینے سے لوٹ آیا ہُوں
کہ بُلندی مُجھے کُچھ راس نہیں

---

ان آنکھوں میں رنگ ہیں دھنک کے
اِس دِل میں ہیں رونقیں کیا کیا

---

اوروں کو کافی تھی تُجھ سے فقط شناسائی
مُجھے تلاش کِسی مُستند حوالے کی تھی

تہی داماں نہیں ہوں میں سفر میں
یہ میرے خواب ہیں باقی ابھی بھی

---

مجھ کو تھا چلنا ترے ساتھ بہت دور تک
تو نے ہی رستے بدل پھر لئے اچھا کیا

---

ھمدردی کا ہے وہ قحط اب پڑا یارب
انساں کو انسان کا سہارا بنا اب

---

عیش میں رکھا ہے اس دل نے آج تک
ذہن نے ہر عیش کو ہے آزار کیا

---

ہونے سے میرے جن کو کچھ بھی غرض نہ تھی
میرے نہ ہونے سے اب کیونکر پریشاں ہیں

---

تری ہی خوش نگاہی کا ہے اثر
کہ کوئی پھر سے جی اٹھا مجھ میں

خواہشیں گر دامنِ دِل چھوڑ جائیں
دِل سا مُفلِس پھر کوئی کب ہو جہاں میں

---

یہ کیسا خالی سا پن ہے اب کے
تُو بھی نہیں ہے، میں بھی نہیں ہُوں

---

تُم کو پانے کی ہی تمنّا میں ہم نے
کیسے کیسے کم ظرفوں کے ناز اُٹھائے

---

میں کیا جانوں محبت کیا ہے
تُم کِسی اور سے ہی پُوچھو ناں

---

اُس نے اپنے جو سر کو جُنبش دی
تو سبھی لفظ گُونگے سے ہو گئے

---

ہر شے ہے لوٹتی اصل کو اپنے
میں بھی ہُوں تیری طرف پلٹ آیا

زخم خُوردہ ہُوں گو پر ہارا تو نہیں ہُوں میں
جاں تو ہے سلامت اور جنگ ہے ابھی باقی

---

دیکھا وہاں پلٹ کے پنچھی نے تو گھونسلہ نہ تھا
بچ رہے تنکے تک اُٹھانے کا بھی حوصلہ نہ تھا

---

ساتھ رہا آرزُو کا یہ سفر
زِندگی بھی چُپکے سے بیت چلی

---

اب تو برسوں نہ ہو پہلی سی وُہ بات
پہلے سے دِن ہوں نہ پہلی سی ہی رات

---

کوئی تو روکے اُسے کوئی آ کے سمجھائے
کھِلونے چھوڑ کے اب دِل وُہ توڑنے لگی ہے

---

وُہ ترے وصل کا لمحہ دُھندلا گیا
اِک حقیقت ہے یہ تیرا ہجر آج تک

چہرے بتایا کرتے ہیں باطن کا بھی احوال کُچھ
من کی لو اور من کا اندھیرا بھی دِکھائی پڑتے ہیں

---

چُوم کر اپنے لبوں سے تُم آج
اپنے ہی ہجر کو اب چلتا کرو

---

کھوٹے سِکّے بھی کھنک رہے ہیں
اصلی سِکّوں سے چمک رہے ہیں

---

شعر میں تیرے بناوٹ کے سِوا رکھا کیا ہے
ہمسری تُو شعر کی بھی اِنتہا سے چاہتی ہے

---

تُمہارے نام سے منسُوب گو رُسوائیاں بھی ہیں
یُوں تُم کو ڈُھونڈتی پھِر کیُوں مِری تنہائیاں بھی ہیں

---

ساتھ یُوں چلنے سے تو بہتر تھا
ہم تُم آپس میں اجنبی ہوتے

یہ محبت بھی تو کتنی آساں ہے
دِل کو دِل کی چاکری بس کرنی ہے

---

تُجھے بھی پڑ گیا بھلانا ہمیں
ورنہ دِل تھا کہ مانتا ہی نہ تھا

---

توڑِے گا دِل کو آپ پھر سے
مُیّسر یہ سہُولت اب نہ ہو گی

---

اب کوئی بھی نہیں جنُوں باقی
زِندگی اپنے رستے چل پڑی ہے

---

گِرا دُوں گا جو میں نظر سے
ہو گے در بدر تُم جہاں میں

---

دِلِ مُضطر پہ بھی رکھ ہاتھ ذرا دیر کو تُو
کہ اِسے بھی تری ہی قُربتوں کی چاہت ہے

ترے رُخسار پر چلتے یہ بارش کے قطرے
ہو شبنم جیسے گُل کی بلائیں لے رہی ہو

---

اب آشنا تلک نہیں وہ انکھیں
جن میں کبھی فقط مری صُورت تھی

---

سائباں جن سروں پر نہیں
باپ کی قدر اُن کو ہے اب

---

پیار کرنا ہے تو کنجُوسی نہ کر
بانٹنے سے یہ بھی دولت بڑھتی ہے

---

جھوٹ کے آج بازار میں
سچ بھی اِک دھوکہ ہی لگتا ہے

---

بیٹھے بٹھائے تارے بھی توڑ کے لاتے ہیں ہم
ہیں عاشقی میں کُچھ کام ایسے بھی کرنے پڑتے

لوٹ آیا ہُوں اُلٹے ہی پیروں
تھی وُہ منزِل پر اجنبی تھی

---

دِل سے تھی اُٹھتی آہ نے چُپ سی ہے سادھ لی
اِک اور باب وقت سے پہلے ختم ہُوا

---

میں جِس کی نظر میں ہُوں
وُہ سب کی نظر میں ہے

---

میری خُوشیاں اب میری ہی نظر سے اوجھل ہیں
میں چھُپن چھپائی سی اُن سے کھیلا کرتا ہُوں

---

ہیں رُوپوش مُفلِسی میں ہیرے کیا کیا
امارت کا تانبا بھی ہے سونے کے مول اِدھر

---

کرو گے بات وفا کی تو بُرا مانیں گے
حُسن والے نہیں لیتے یہ بلا اپنے سر

درد کی آخر حکایت بھی تو یاں
لہو تک کو منجمد کر دیتی ہے

---

ہاتھ ملتی رہ جائے یہ تنہائی بھی
ہو ذرا آج زوروں کا کوئی تو جشن

---

تیرا ہی درد کہیں اب بھی تو اُٹھتا ہے مگر
درد کا اب مُجھے احساس نہیں ہوتا ہے

---

اے زمانے تُو نے برتا ہے مجھ کو اس طرح
کہ میں اندر سے کھوکھلا سا ہو گیا ہوں

---

بیتی یادوں کا ہی غم نہیں
حال کی فِکریں بھی کم نہیں

---

دیکھ کر بھی تُجھ کو ہوش و حواس میں رہتا
اِس قماش کا شاید پارسا نہ تھا کوئی

تیرے خوابوں کو جگہ دی تھی
مری آنکھیں بنجر ہو گئی ہیں

---

پُوچھتے ہیں وُہ میرا حسب نسب
جِن کا اپنا کوئی بھی شجرہ نہیں

---

دشت بولا مُجھ سے ہے، کِس کام کا تیرا جُنوں
ہے ابھی تک یاد اپنا آشیانہ تُجھ کو بھی

---

مُجھ سے جُدا اب ہونے والے جان لے
میں ہر حوالے سے تُجھے یاد آؤں گا

---

تُجھ سے منسُوب دِل کے موسموں پر
آج پت جھڑ کے ڈیرے ہیں جاناں

---

ہم تن کے اُجلے من کے میلے لوگ ہیں
خود دھوکے میں ہیں، دھوکہ دے بھی جاتے ہیں

منگتے ہم سب اپنی ہی خواہشوں کے اِدھر تو ہیں
کاسہ سبھی کے ہاتھ میں ہے، ہیں سوال الگ الگ

---

دِکھا کر ظرف ہر کوئی یاں اپنی راہ لیتا ہے
کوئی یادوں میں رہ جاتا ہے کوئی بھُول جاتا ہے

---

اِس دِل پہ ہے زور کِس کا چلا
کِسے یاد رکھے، کِسے بھُول جائے

---

آئے جو تُم ہو میری بھی زِندگی میں
زِندگی کے معانی بدل گئے ہیں

---

دِل کہتا ہے لے ڈُھونڈ اُس کو
دُنیا اِتنی بڑی نہیں ہے

---

آسماں پر ہی نظر آوے یہ ضرُوری تو نہیں
دیکھنے والے چاند کو سامنے دیکھا کرتے ہیں

بے نام ہی کر کے مجھے وہ گئے
جنہیں اپنا نام دِیا میں نے

---

عِید کے دِن بھی نہیں ملتے گلے
رنجشیں درمیاں باقی سی ہیں

---

تھوڑی من چاہی زِندگی بھی
کرنی پڑتی ہے کشِید اِدھر

---

اُس کا نمبر کھو سا دِیا میں نے
دِل کی بھی ڈائری میں اب نہیں ہے

---

زِندگی لے کروٹ تُو
دِل کشادہ ہے میرا

---

پھر محبت کا ہی تو ڈھونگ رچایا اُس نے
کوئی آفت کیا درپیش ہے اُس کو پھر سے

تیری بے گانگی کے صدقے
اور محبت ہی بڑھ رہی ہے

---

ڈائری دیکھے جا رہا ہُوں میں
سبھی بے جان اُداس نمبر ہیں

---

روز اِک نیا موڑ لیتی ہے
یہ کہانی بھی کیا کہانی ہے

---

بے غیرتی نے بھی اب
غیرت پہ کمر کس لی

---

جیتا ہُوں ترے بغیر
کیا یہ مُعجزہ نہیں

---

دیکھتے ہی شکم تو سیر ہوا
کھانے کو یار اب بچا کیا ہے؟

کربِ زمانوں کا یکجا ہُوا تو
ہجر کے ماروں میں تقسیم ہُوا

---

ہم پہ غُصّہ تیری اِک بھُول بھی ہو سکتا ہے
تیرے ہاتھ میں یہ سنگ پھُول بھی ہو سکتا ہے

---

سنگ ہو چلنا تو ہاتھ تھام لو میرا
حیلوں بہانوں کا آدمی نہیں ہُوں میں

---

ایسے دریاؤں کا کوئی کرے بھی تو کیا
اس پیاس سے جن کو اب کُچھ بھی مطلب ہی نہ ہو

---

کہتے ہیں لوگ دِیوانہ آج مُجھے
مُعتبر اُس پہ تیری گواہی بھی ہے

---

سبھی کُچھ وہیں ہے
فقط تُو نہیں ہے

جس کو تسخیر میں کر چکا
وہ مرا مسئلہ اب نہیں

---

مُسکرا دیتا ہُوں اُسے دیکھ کر
اور وہ سمجھتی ہے بہت خُوش ہُوں میں

---

مری مجبوریوں کو آگ لگا دے
تُجھے حق ہے، تُو بے وفا کہے مُجھ کو

---

تری تصویر کا کیا کروں میں
میں تُجھے مانگتا ہُوں سنگ اپنے

---

اِک حرفِ تازہ کس شُمار میں ہے
یاں شاعری کا ڈھیر سا لگا ہے

---

خُود میں میں دفعتاً گُم سا ہو جاتا ہُوں
دیکھتے دیکھتے تُم سا ہو جاتا ہُوں

ہم سے کترا کے یُوں گُزر جانے والے
ڈھونڈ اب خُود سا بے وفا یار کوئی

---

انا کے سودے میں افسوس
مُحبت ہار دی میں نے

---

کرچی کرچی دل کو پھر سے سمیٹے کون اب
کانچ کے ہر ٹکڑے میں تیری ہی تصویر ہے

---

دُور تک دیکھے گیا میں اُس کو
دُور تک دِل نے وِداع اُس کو کِیا

---

تُو نے ظرف دیکھا ہی کہاں ہم فقیروں کا
دے کر کُچھ بھی ہم جتایا کرتے نہیں ہیں یار

---

تُو مُجھ سے جُدا سہی مگر سُن
میں تُجھ سے ذرا جُدا نہیں ہُوں

میرے پاؤں میں نہ ڈالو بیڑی تُم
میں مُسافر ہُوں، میں چلا جاؤں گا

---

دُور اب تُم ہی رہو مُجھ سے کہ میں
تھوڑا تھوڑا یاد بھی رہ جاتا ہُوں

---

ہیں چھوڑ جو گئے تُجھے اُن کا نہ کر ملال
دریافت کر ذرا کبھی کس حال میں وہ ہیں

---

نہ دُنیا سے ڈر اے دل مرے سُن
جو جی میں آئے وہی تُو کیا کر

---

دِل سی سوغات دی ہے تُم کو
اور کیا چاہتے ہو بولو

---

دو بُوند مِلی تھی شبنم کے بھی عِوض
کِس دُھوپ میں ہم کو جُھلسایا گیا ہے

تُجھ سے شناسائی کا ہے صِلہ اب
اپنے ہی لوگوں میں ہُوں اجنبی میں

---

میری تب و تاب پے نہ تُو جا
مُجھ میں بسے دشت بھی ہیں کیا کیا

---

ہے پیاسا مگر خُود کو
دریا وُہ بھی کہتا ہے

---

اپنے تعلُّق کو تماشا نہ بنا
کُچھ تو بھرم رکھ لے زمانے کے لئے

---

کھو دِیے ہیں جو سِتارے زمیں نے
آسماں پر وہ چمکتے اب ہیں

---

گو نہیں ہے ایسا شاید
نام کو آزاد ہُوں میں

ترے بارے گماں سے ہی جو ہم ہو لیتے ہیں مسرُور
کیا حال اُن کا ہو گا جن کو تُو محفل میں مُیسّر ہے

---

قطرے قطرے میں ہے تلاطم
زِندگی جوش مارتی ہے

---

دِلرُبا موسموں کی ہُوں میں نوِید
زِندگی مُجھ میں سانس لیتی ہے

---

ہونے نہیں دیتے تھوڑا بھی اِدھر سے اُدھر
خیر خبر اپنے ساماں کی وُہ خُود رکھتے ہیں

---

فصیلِ شہر پہ جلتا اِک چراغ ہُوں میں
مِری بساط کو یہ اندھیرے جانتے ہیں

---

اِس درد سے اپنے ہیں مراسم
غم سے بڑی ہے پُرانی یاری

ہے سوچنا پڑا اب جیسے ہم مِلے ہی نہ تھے
یُوں ہیں مِٹائے تُو نے اپنے بھی نشاں جاناں

---

کیا اجنبی گلیوں میں بھی کبھی
دِل اِس زور سے ہی دھڑکتا ہو گا

---

یہ دِلِ ناشاد کبھی شاد بھی تھا
اُجڑا یہ چمن کبھی آباد بھی تھا

---

ہو گئی ایسی کیا خطا ہم سے
کوئی تمنّا بھی بر نہیں آتی

---

اپنی دانست میں ٹھہر گیا ہُوں
پر یہ شوقِ سفر نہیں جاتا

---

کِتنی دُشوار آنکھوں کو ہیں
خواب کی یہ مُسافتیں بھی

چھوٹی سی بھی خُوشی کا جشن منایا کیجئے
کِس کو معلُوم کہ کل یہ بھی رہے یا نہ رہے

---

زخم تازہ ہے چارہ گر میرا
ضبط کا میرے اِمتحان نہ لے

---

تُجھے چاہنے کی دل نے جو خطا کی تھی سُن لے
آنکھوں نے اُسی کی تو کاٹی ہے سزا جاناں

---

سرِ راہ ہیں بھڑاس دِل کی نِکالتے
یہ لوگ اپنے من کی ہیں سیاہی اُچھالتے

---

کوئی کرے ذِکر ہی ہمارا
لب پر کِسی اپنا نام بھی ہو

---

پُوچھ سمُندروں سے ہی ذرا
پیاس کیا ہے، ہے تشنگی کیا

ہر غم میں تیرے کھاتے میں ڈال دیتا ہوں اب
مُجھ سے حِساب رکھا جاتا نہیں الگ سے

---

بدن کی بھُوک تھمی جاتی رہی اب
یُوں ہم نے خواہشوں کو مار ڈالا

---

آئے دن نیا موڑ لیتی ہے
یہ کہانی بھی کیا کہانی ہے

---

دِل توڑنے کے حِیلے سو ہیں ہزار ہیں
دِل جوڑنے کا مرہم بازار میں نہیں

---

تیری توثِیق کا نہیں پابند
میں جو لکھتا ہوں، خُوب لکھتا ہوں

---

ہر غم کو مُصِیبت نہ جان اے دوست
راحت نہیں ہوتی ہے ہر خُوشی بھی

دِل کے کسی گوشے میں رہ جاتے ہیں
کُچھ لوگ بڑے ضِدّی ہوتے ہیں ناں

---

وُہ لوٹ کر اب نہ آئے گا سُن
دِل ہے تُجھے اِنتظار جِس کا

---

کر سکا میں نہ قائل اُسے
بات دِل کی مگر کہہ دی ہے

---

مُحبت کو بھی پیچھے چھوڑا اُس نے
وُہ ظُلمی کیا سُبک رفتار نکلی

---

مِلا بھی تو وُہ ہم سفر مُجھے اب
رستے بدلنے کا تھا شوق جِس کو

---

جو محبت مرے دِل میں ہے آج
اُس کے دِل میں نہ ہو ممکن ہی نہیں

تیرے ہجراں میں سیکھی ہیں سُن
ہم نے جینے کی رمزیں ساری

---

بڑی مُختصر ہے اب تشنّگی بھی تو تری
دو باتیں ہیں محض اور تسلّی تمام شُد

---

میں کیوں پھول کو شاخ سے توڑلیتا
کہ واقِف میں خُوشبُو کے آداب سے تھا

---

موم سے ہو گئی وُہ توپتھّر
پیار کی بات بھی اب سُنتی نہیں

---

بازی پلٹ کے بھی دیکھی میں نے
ایسے بھی مات ہے، ویسے بھی مات

---

ہنس کے سہہ لُوں میں بے رُخی تیری
ہرا دے گی یہ بدگمانی مجھے

پیار میں جو تیرے میرے درمیاں تھے بیتے پل
اُن کے صدقے رنجشوں کو تُو بھلا بھی سکتی ہے

———

میرے کل کی تُو اِک حقیقت تھی
آج کی میرے تُو ضرُورت ہے

———

نہیں چین اُس کو بھی پڑتا مگر
جیے جا رہی ہے وہ میرے بغیر

———

جشن ارمانوں کا ہے دِل میں آج
اور ہیں حسرتیں تماشائی

———

کیسے اپنوں کو پھر بھُول جاتے ہیں لوگ
غیروں کو بھی تو ہم بھُول پاتے نہیں

———

تیری طلب سے باز آنے کے سِوا
اب اور کوئی راستہ بچا ہے کیا

خُوشی کا میری تُو خیال نہ کر
حسرتوں کا مِری شُمار نہیں

---

دِل مِرا سرکشی سے باز تو آیا
یہ بھی تیرا بہت احسان ہے جاناں

---

رنجشِ بے جا کا تیری کیا کرُوں میں
بات کوئی ہوتی تو پھر بات بھی تھی

---

واقعہ یہ ہے کہ تُو حال میں ہے رہتی اب
اور کوئی تِرے ماضی کی پناہوں میں ہے

---

دِل بھر آتا ہے، بھر جاتی ہیں آنکھیں بھی
پیٹ بھرتا نہیں آنسوؤں سے مگر

---

مُجھ پہ جو گُزری سو ہے گُزری صنم
تُجھ پہ جو گُزرے گی تو مُشکل ہوگی

تنہا چل کے بھی دیکھا تُو نے
دو گام اب میرے ساتھ بھی چل

---

پیار میں ترے ہلکان ہونے سے تو بہتر تھا
اپنے رِشتے کو کوئی اور نام دیتے ہم

---

اُڑے جاتے ہیں سبھی رنگ ترے پیکر کے
تیری تصوِیر مجھے پھر سے بنانی ہو گی

---

حُسن کی مُورت اِدھر تُو آخری نہیں ہے
صنم کدے میں یہاں ہیں شاہکار بڑے

---

آج میرے خلُوص کی قیمت
دو بھی کوڑی کہاں لگائی تُو نے

---

جان کہا کرتے تھے جو کل تلک
آج ہمیں کون بُلانے لگے

کہہ رہا ہے یہ پانیوں کا سکوت
ہو کوئی شور، کوئی ہلچل ہو

---

کتنے ہی رنگ کے سپنوں سے بچا کے دامن
تیرے بھی نام کی حسرت میں اُٹھا لایا تھا

---

کِیا ہے پیار میں وہ بے قرار تُو نے مُجھے
کبھی نہ ایسا کِسی نے کِسی کو کِیا ہو گا

---

تو کیا تُجھ سے محبت پہ بھی اب
معذرت چاہنی ہوگی مُجھ کو

---

بے کار ہے تیری بھی تو تمنّا
بے فیض ہی اب تیرا یہ جنُوں ہے

---

ایسے ملنے سے تو کہیں بہتر تھا
میں تُجھ سے پھر کبھی نہ ملا ہوتا

کِس لئے ناحق دسمبر کو ہی میں اِلزام دُوں
دِل کے کیلنڈر میں سارے خانے پت جھڑ کے ہی تھے

---

وقت کی تر ے حسیں چہرے پہ ڈالی جھریوں کی قسم
آج بھی ترستا کوئی تیرے اِلتفات کو ہے

---

کر توبہ توبہ جاناں دُعا بھی کر
دِل توڑنے کی تُو نے خطا کی ہے

---

لگتی ہے تجھے یہ عام سی بات مگر
دِل توڑنے سے بڑی خطا کوئی نہیں

---

بات سیدھی ہی بھلی
سچ میں ہے اب عُذر کیا

---

اکھیوں نے جب زُباں کا کام کِیا
کیسا پھِر نظروں سے کلام کِیا

اپنی شادی میں بُلا کے تُم نے
خُوب جاناں ہمیں رُسوا کیا ہے

---

اِک ترے ساتھ کی حسرت یہاں تک لائی مُجھے
ورنہ کُچھ بھی تو نہ تھا رختِ سفر میں میرے

---

تیرے بغیر بھی جی بہلنے لگا ہے اب
ڈُھونڈے ہیں دل نے آج نئے آسرے کیا

---

اچھی گُزری ہے جو بھی گُزری ہے
بھلی گُزرے گی جو باقی ہے ابھی

---

ہوش رُبا سے ترے پیکر کے سبھی زاویے ہیں
یہ تیرا انگ انگ بھی چاندنی سے ہے گوندھا گیا

---

نئی اب حسرتوں کی دِل میں جگہ تو نہیں باقی
کریں تُجھ کو مگر اِنکار یہ ہم سے تو نہ ہو گا

آج میں جینا اِک ہُنر ہی سہی
یاد رکھنا بھی میری عادت ہے

---

تُجھے اُس زمانے کا ہے ڈر اب
کِسی کی خُوشی میں جو خُوش نہیں

---

آج کے بعد مِری جاں تُجھے ہر روز
اپنی دہلیز پہ اِک پھُول ملے گا

---

ایک ہی ڈگر پہ ہم کو نہ زِندگی چلا
پارے سے ہی لوگ ہم جلد اُکتا جاتے ہیں

---

دِل حِساب پچھلے چُکاتا بھی نہیں ابھی
آنکھیں ہیں کہ پھر نئے خواب دیکھ لیتی ہیں

---

اے منزِلِ مُراد تُو اب بھی نظر میں ہے
تُجھ تک پہنچنے کی میں فقط جُستجُو میں ہُوں

پلٹ آنے کو تُجھے کوئی بھی موسم نہ مِلا
ضبط جانی تھی جسے تیرا سِتم تھا جاناں

---

بھلا اِنساں وُہ جانتے ہیں ہمیں
یہ تاثُر بھی اب غنیمت ہے

---

چلی آؤ اے حسرتو چلی آؤ
یہ مِرا دِل بڑا کُشادہ ہے

---

میں اِک اکیلا سِتارہ کہاں کہاں چمکوں
سبھی طرف ہی اندھیرا دِکھائی دیتا ہے

---

تُجھ پہ ہیں ہم فریفتہ جاناں
تیرے یہ شعر بس بہانہ ہیں

---

آپ کی ہر اِک خرافات سر آنکھوں پہ ہے
دُوسرے جو لِکھ دیں تو رد ہے، حد ہے، حد ہی ہے

چمکا رہے ہیں اپنی اپنی ہی ہم دُکان
اور ساتھ میں دُہائی کا مشغلہ بھی ہے

---

تُجھ پہ جچتی وفا کی بات نہیں
تُو مری جاں نہ یہ تکلّف کر

---

کارِ مُشکل ہے اب اِس کو بہلانا بھی
کہنے کو سیدھا سادہ سا دِل ہی تو ہے

---

تُو وہاں خُوش، میں یہاں خُوش
ہجر کا پھر رونا کیسا

---

تُم وقت سے ہو پلٹ کر ہی نہیں دیکھتے
ہم بیتے لمحوں کو بھی دِل سے لگا رکھتے ہیں

---

ہے ہم سے ہی کُوئے جاناں میں رونق لگی ہُوئی
ہمی روز خاک چھانتے ہیں، لوٹ آتے ہیں

نظروں کا کوئی دھوکہ ہو یا تُم
واقعی اِتنی خُوب صُورت ہو

---

گئے وُہ دِن کہ رقص کرتا تھا دِل
اب دھڑکتا ہے جینے کو ہی فقط

---

پارسائی کا کوئی زُعم نہ تھا
تشنگی پھر بھی ہم رُکاب رہی

---

خزاں میں ہی اُجڑے تُم چمن کو جو دیکھو گی
تو میں یاد آؤں گا، جفا یاد آئے گی

---

اِن حسرتوں کا بھی کوئی اور ٹھکانہ نہ تھا
اور دِل کو بھی چاہیئے تھے کُچھ مکیں مُستقل

---

تڑپ اِن حسرتوں کی دِیدنی ہے
لگی ہیں رونقیں دِل میں کیا کیا

کِس لئے دیکھتے ہو شک سے ہمیں
ہم دِلوں کو چھو لیا کرتے ہیں

---

دِل میں ہے کُچھ خاص اہتمام آج کی رات
شام ہوتے ہی دیپ سے جل اُٹھے ہیں

---

میں تُجھے اب بھی چاہتا ہُوں
کہہ دے تُو جانتی نہیں ہے

---

چھِن گئی تیری جو دہلیز بھرم جاتا رہا
اور پھر دربدروں کو ترے چاہت نہ ملی

---

تُجھ کو ہارنے کو بھی
جیتنا ضرُوری تھا

---

اِدھر پاس رہ کے سُلگتے ہیں پنچھی
سبھی دوش ہوتا نہیں فاصلوں کا

یُوں میرے ساتھ چلنے والے
تیرے تیور جُدائی کے ہیں

---

میں نے پُوچھا بھی نہیں تُو نے بتایا بھی نہیں
اے پری زاد ترا نام بھی تُجھ سا ہو گا

---

پھُول مہکتے رہیں گے یُونہی
خُوشبُو کِسی کی اسیر نہیں

---

حسرتوں کے بھی دفینے ہیں اِدھر
اور ارمانوں کی دِل میں جا بھی ہے

---

تیرے وصل کا اِن آنکھوں نے خواب دیکھا تھا
تیرے ہجر سے کم ہوتی کیا سزا میری

---

اپنی میں حسرتوں سے کیسے کہُوں
کہ سبھی سپنے سچ نہیں ہوتے

جواں رُت میں کھوئی محبت کو بھی
کوئی ڈھونڈتا ان رُتواؤں میں ہے

---

اب تتلی کو بھی نہیں آتے میری
ننگے پاؤں دوڑے کبھی آنے والے

---

میرا دِل مانگتا ہے پھر سے
کھیلنے کو وہی کھلونے

---

تیرے توسُّط سے جو ملی تھی
وُہ بھی خُوشی کتنی عارضی تھی

---

ترے آنے کا کر کے گُماں ہم
بہلا رہے ہیں دل کو کب سے

---

میرا کردار کیسے دو گے اب
کہ کہانی سے نکل آیا ہُوں میں

تیرے سحر سے نکل رہا ہُوں
اپنے تُو حُسن کا جادُو جگا

---

کل کا ہے وعدہ مرے دِلدار کا آج بھی
اپنے ہی وعدے سے وُہ کل پھر مُکر جائے گا

---

وقت آنے پہ منظر بدل جائے گا
دوست ہی دُشمنی پر اُتر آئے گا

---

ہم نے جو ہجر میں تیرے ہی گُلستاں چھوڑا
آ تا گیا سبھی کلیوں پر شباب جاناں

---

دو مصرعوں میں دِل کی بات کہہ لی
ہم شاعروں کو یہ بھی ہے غنیمت

---

پھُول پر بھنورے تو آئیں گے میری جاں
اپنا دامن کہاں تک بچاؤ گی تُم

یُوں تو میں خاموش رہا کرتا ہُوں
لفظ مرے شور مچا دیتے ہیں

---

جو بندھن اب نہیں ہے باقی
وہ بھی تو میں نبھا رہا ہُوں

---

پیروں کے چھالوں کو نہ دیکھتا جا
منزِل کی یہ شادابیاں بھی تو دیکھ

---

اُلفت سے کم کم ہی اِس کو بھی شاد کیا
آتے جاتوں نے مرے دِل کو برباد کِیا

---

برسا کر تیرے رُخ پہ ست رنگی پھر پھوار
چاند پر میں رنگوں کو گرتا سا دیکھوں

---

تیرے بندِ قبا سے جُوے قصّے
جھوٹے ہی سہی پر ہوش رُبا ہیں

دِل کی تھی شوخی برقرار جن سے
وہ حسرتیں سینے میں اب نہیں ہیں

---

جانتا ہُوں تجھے اب سوچنا اچھا نہیں ہے
بھُول جانا بھی مگر دِل کو گوارا نہیں ہے

---

اے دِل تیری آوارگی کے میں صدقے
کئے جا تُو رُسوا مُجھے گلی گلی

---

تُو نے دیکھا ہی نہیں اِن منزلوں کا بھی غرُور
نارسائی کو ابھی تُو جانتا کب ہے بھلا

---

ہے کِس آنکھ میں کتنا پانی
اِدھر کون اب جانتا ہے

---

بدل سی گئی ہو تُم
سُدھر سا گیا ہُوں میں

میں ہُوا میرا بھی رقیب ہُوا
دونوں کا اِمتحان ایک سا ہے

---

جھوٹ لگتی ہے وفا کی بات اب
پیار کے نام سے خوف آتا ہے

---

نُمائشی ہے یہ پیار تیرے کلام میں
تُو یُوں میری جاں اُلفت کو بدنام تو نہ کر

---

بزم میں اجنبی نہیں ہُوں میں
زِندگی ہُوں میں شاعری ہُوں میں

---

دیکھو بُرا نہ تُم ماننا
میں فقط پھُول ہی بھیجُوں گا

---

کیسے کہہ دُوں میں اپنے ارمانوں سے
دِل سے میرے تُم اب نکل بھی جاؤ

آج بھی تیری خبر رکھتا ہُوں
یہ محبت نہیں تو اور کیا ہے

---

پردے کا تکلّف نہ کیجئے
ہم نے چاند کو دیکھ رکھا ہے

---

یُوں بہکانے کی مُجھ کو کوشش نہ کر
میں ترے ساتھ چلنے پہ آمادہ ہُوں

---

قفس سے ہو کر آزاد میں جاؤں گا کِدھر
کہ آزاد دُنیا کے بھی اپنے بکھیڑے ہیں

---

جی بھر کے دیکھ لینے دے آخری بار
ہیں پیاسی یہ مری آنکھیں کب سے جاناں

---

دِل کو مرے ویسے بھی تو ٹُوٹنا ہی تھا
یہ قسمت والا تھا ترے ہاتھوں سے ٹُوٹا

کتنی ہی قبریں ہیں دِل کے مرے اندر بے شُمار
دفن یاں کون سی حسرت ہے میں خُود جانتا ہُوں

---

کیا کیا رکھتے تھے تُجھ سے گُماں ہم
کیسے کیسے دے دیے روگ تُو نے

---

مُعجزے کا ہی رہا میں مُنتظر
اور اُس کے ہاتھ پیلے ہو گئے

---

سانحہ ہے کہ تیرا یہ ہجر بھی اب
میری اِس زِندگی میں شُمار ہو گا

---

تُم بے گانے کل بھی تھے
اجنبی ہو آج بھی

---

اِسی بازی میں جیتنا ہے تُجھے
مُجھے اگلا جنم نہیں لینا

کوئی سہل ہو کار عُمدہ ہے دِل کو
پٹاخے اب اِس سے نہیں چھوڑے جاتے

---

ہنگامہ ہے دیکھنے کے لائق
خاتُون نے شعر کہہ دیا ہے

---

اپنی دُشمنی سے کم ظرفی کو وِداع کر
کھیلنے کے بھی کُچھ اپنے اصُول ہوتے ہیں

---

بے سبب نہ تھی خلِش
کوئی خواب ادُھورا تھا

---

بات کرتے ہُوئے اب ٹھہر جاتا ہُوں
اپنے لہجے کی تلخی سے ڈر لگتا ہے

---

گراوٹ کی نہیں حد یاں
جو بھی گھٹیا ہے، بے حد ہے

ڈھنگ سے دِل کا نگر بھی بسایا نہ گیا
کام جتنے بھی کیئے ہم نے عجلت میں کیئے

---

خار نکلی، دُکھ نکلی، رنج نکلی، غم نکلی
زِندگی تُو اپنی اوقات سے بھی کم نکلی

---

سُوکھے گا یہ جوانی کا شجر بھی
ٹُوٹ جائے گا تیرا نشہ جاناں

---

اب وُہ پہلی سی محبت نہیں باقی
اب کِسی بات کا صدمہ نہیں ہوتا

---

خُدا کرے کہ تُو بھی اپنی خیر منائے
خُدا کرے کہ ترا اب حِساب ہو جائے

---

کب تیری فُرصت کے تھے ہم خریدار
کب سے مگر اب اِنتظار میں ہیں

لادو کچھ تہمتیں دوش پر میرے تم
پارسائی کا گر یوں بھرم ٹوٹ جائے

---

مجھے اپنی کوئی فکر اب نہیں ہے
تیرے انجام سے ڈر لگتا ہے

---

نوازشوں کا مری یہ صِلہ دیا ہے
زمانے نے ظرف اپنا دِکھا دیا ہے

---

تیری دستار کا ہر تار ہے گھٹیا
تیرا ہر پینترا، ہر وار ہے گھٹیا

---

حسرتیں ہیں سبھی سر آنکھوں پہ
دلِ ناشاد میں جگہ بڑی ہے

---

برف بالوں کی آج کہہ رہی ہے
تُو محبت نہیں جوانی تھی

میں نے جو بھی بات کی تھی برملا تھی
اوچھا کیا جو بھی تُو نے پھر وار کیا

---

ہرج ہی کیا تھا منانے میں ہم کو
جُدا ہونے کی تُم کو تھی جلدی جاناں

---

یہ بوجھ سا ہے جو ضمیر کا ہے
تُم کو یہ کھٹکا اب لگا رہے گا

---

دِل کی میرے مت ہی تو ماری گئی ہے
غیر کی شے پر حق جتانے چلا ہے

---

ہجر سے تیرے بھی سمجھوتہ کریں
اِتنے بُرے اپنے حالات نہیں

---

بدگمانی کا تیری کیا کرُوں اب
تُو مُجھے یہ بتا کدھر کو میں جاؤں

اب تیرے ذِکر پر جنہیں موت آتی ہے
کل تک تھے تری بزم کے پروانے خاص

---

سُلگتے اِس بدن میں یہ دِل بھی تو ہے
لگا دے آگ تُو دِل کی بات رکھ لے

---

میں نے ترتیب اُلٹ کے بھی دیکھی ہے
ایسے بھی تُو ہے دِل میں، ویسے بھی تُو

---

جِس میں کوئی نیا موڑ نہ ہو
وہ بھی کہانی کہانی نہیں

---

فرق ہوتا ہے خُون کا فقط
ورنہ آدمی ایک سے ہی ہیں

---

یہ پرکھ یُوں تو دُشمن کی بھی ہے ضرُوری اب
دوستی میں پر لازم ہے بڑی سمجھداری

ابھی وقت ہے لوٹ آؤ
کل افسوس بے کار ہو گا

---

کر نہ سکی جو تری کمی کا ازالہ
ایسی محبت بھی ہم نے کر کے ہے دیکھی

---

کچھ بھی تُو غم نہ کر مری جان اب
مر گئے تیرے چاہنے والے

---

دِل کو اپنے فقط جلانا ہے
تیری تصویر اِک بہانہ ہے

---

جس سے زیادہ تُجھے راس نہیں
اُس سے زیادہ کی تُو ضِد بھی نہ کر

---

رُسوائی کا اِسے کچھ بھی تو نہیں ملال
دِل ہے کہ قائم اپنی بے راہروی پہ ہے

ایسے رستوں پہ بھی چلا ہُوں میں
جو کہیں بھی تو نہیں جاتے تھے

---

منزلوں سے گِلہ نہیں ہے مُجھے
رستوں میں محض اُلجھایا گیا ہُوں

---

اے میرے پیارے نقادو
کہانی میرے دم سے تھی

---

دِل ہے کہ رہتا وہیں ہے آج بھی
جس گلی سے اب میں گُزرتا نہیں

---

ہونٹوں کا رہ جانے دے کُچھ تو بھرم
شاد ہو جائیں گے اِک بوسہ لے کر

---

دِل کو درکار ہیں دِلاسے نئے
اِک مُلاقات آخری اور کر

بھٹکیں گے جو غیر کی پھر گلی میں ہم
تُو ہی بتا کیا تجھے اچھا لگے گا

---

چُپ رہ کے تُو نے اور بھی سِتم ڈھایا
دل کھولا ہوتا، بات تو کی ہوتی

---

آرزُو کی بات تھی، آرزُو تک ہی رہی
تیرے گرفتاروں نے پائی نہ منزل کبھی

---

سردیوں کی پہلی ہے برسات جاناں
گرم کافی تو تُم بنا لو گی شاید

---

جان لے کر کیا کرو گے
دل لے جاؤ تو بھی چلے گا

---

جان لیوا یہ ادائیں ہیں تری
اُس پہ اسقدر تُو اسراف نہ کر

کیوں بسے کوئی دشت میں آ کر
دل کی رونق بحال کون کرے

---

کون کتنا خاص تھا
وقت ہی بتائے گا

---

مکر جانے میں ویسے
وہ بلا کا ماہر ہے

---

کرپشن تجھ پہ ثابت ہو چکی ہے
محبت میں تُو نے دھاندلی کی ہے

---

لے دے کے اِک دلیل باقی ہے
اُس نے بھی شادی تو نہیں کی ابھی

---

نہیں اب جسم کی خواہش جاناں
دل کو رہنے دے فقط دل کے پاس

شہرِ دل میں زِندہ ہیں میرے شعر
سانس لیتے ہیں، بات کرتے ہیں

---

بڑے سادہ ہیں حُسن والے اور کتنے بھولے بھی ہیں
خُود اپنے بیمار سے پُوچھتے ہیں تکلیف کیا ہے

---

ہیں اندھیرے بھی جانتے یہ بات
روشنی سے بڑی دلیل نہیں

---

اِک ہمی نہیں پھرتے کُوچے میں ترے بھٹکے
آس پاس ہیں ہم سے خوار سینکڑوں جاناں

---

جلے گا دِل ہمارا بھی کب تک
تیری محفل میں روشنی کے لئے

---

حُوریں ہلکان ہوئی جاتی ہیں
شیخ آمادہ نہیں مرنے کو

تیری نگری ہے تری مرضی ہے
مرد کو بھی کیا آفت پڑی ہے

---

سمجھا کر تُو میری نظروں کے تقاضے
کیسے کہہ دُوں تُجھ سے میں ہر بات جاناں

---

دل نہیں مانتا کہ غیر ہو تُم
بار بار اپنے اپنے لگتے ہو

---

یہی پُوچھنا تھا بس
اب آرام ہے جاناں؟

---

کل کہانی میں نیا موڑ آئے گا
اور سبھی تعبیریں اُلٹی جائیں گی

---

رات ڈھلنے لگی تو وُہ بولے
توبہ ہے تُم سے اب سو بھی جاؤ

درد کی دولت بکثرت ملی دِل کو
کی فقیری میں بھی ہم نے بادشاہی

---

میں بناتا ہوں کاغذ پہ آنکھیں تری
جب کبھی بھی تُجھے بھُولنے لگتا ہوں

---

پُوچھتے پھر پھرو گے اِک دن
تُم بھی نام اور پتہ ہمارا

---

تُو گلبدن سہی مگر یہ جان لے
ہیں چاک سے اُترتے شاہکار ابھی

---

میری یادیں سنبھال رکھنا
ہر مُشکل میں شفا ملے گی

---

کون اب کر پائے گا قسم سے
میرے جیسا یہ پیار تُم سے

کہاں اِن حسرتوں نے پھیلا دیا ہے دامن
جب بھی دیکھا ہے، میں نے اُن کو خفا دیکھا ہے

---

تیری باری سب اچھا تھا
میری باری دھاندلی ہے

---

لوٹ آئیں گے جانے والے بھی
کوئی تو روز روزِ حشر ہو گا

---

تجھ کو پڑھنے سے فُرصت نہیں
اپنی سُدھ بُدھ کھو ڈالی ہے میں نے

---

تُو بھی قبول ہے اور تُو بھی قبول ہے
ہے چار کی اجازت تو سوچنا کیا؟

---

خُدا کرے کہ تیرا بھی کسی پہ اب دل آئے
اے سنگدِل تِری طرح وہ تُجھ کو چھوڑ جائے

دل اب بھی کھنچتا ہے تیری جانب
کوئی ارماں سِسکتا آج بھی ہے

---

رہے نہ خُوش ہم سے اپنا دامن چُھڑانے والے
پلٹ کے جو دیکھا تو وہ خُود سے پشیماں نکلے

---

اب وہ آنکھیں بھی تو نہیں باقی
خواب آتے ہیں لوٹ جاتے ہیں

---

تیری صُورت تک ذہن سے مٹ چلی ہے
کِس سہارے میں تیرا یہ ہجر کاٹوں

---

تُجھے بھُولنے کے کئی بہانے ملے مگر
کیا کرتا میں کہ یہ دِل ہی سالا مُکر گیا

---

ترے تشنگاں کو گوارا نہیں
کسی اور کے در پہ دینا صدا

دِکھتا تھا جب طنابوں میں جکڑا ہوا حُسن
اپنے بھی دل میں آرزُو غارت گری کی تھی

---

یہ دِل بھی جائے تو کہاں جائے
جو مِل سکے نہ اُس پہ آ جائے

---

آپ کا یہ سراپا ہے نُورِ نظر
شاعری آپ کے بس کا کام نہیں

---

تُو نے جب آئی ی ایم آئی کرایا ہو گا
دینے والا بھی تُجھے یاد تو آیا ہو گا

---

کہاں ہے نُسخہ پارسائی کا
اُن کے ہاں میں بھی مُعتبر ٹھہروں

---

زندگی کو زندگی کی طرح جینے کے لئے
موت سے بھی دفعتاً لینی پڑی مُہلت ہمیں

یُوں تو یہ مانگتا ہے کیا کُچھ پر
ہر جگہ دل کی کہاں چلتی ہے

---

اِس سے آگے کی کہانی یہ رات لکھے گی
خواب مُسکرائیں گے، آرزُوئیں ناچیں گی

---

لاکھ پہرہ ہو رقیبوں کا تیرے ہاں
ہم ہیں دیوانے، کبھی بھی آ دھمکیں گے

---

ایک تو کائنات سپنوں میں دکھائی دیتی ہے
ایک یہ دُنیا ہے جسے روز ہی جھیلتا ہوں میں

---

آئینہ دے رہا ہے اُنہیں دھوکہ
اور وہ خُوشی سے جامے سے باہر ہیں

---

جاتے جاتے نہ دے ایسی کوئی سزا
رُوٹھ کے تُو نہ جا کوئی بات تو کر

شعر پڑھتا ہُوں اِس قرینے سے
موتیوں کی ہو اِک لڑی جیسے

---

ہمیں تُم بھی بُھلا کے تو دیکھو
بات بے بات یاد آئیں گے

---

ایسے بیٹھے ہو تُم تسلّی سے جاناں
لوٹنے کو اِک عُمر ہو باقی جیسے

---

خبر کیا تھی چراغ لے کر
تُو ڈُھونڈنے سے نہ پھر ملے گا

---

میری غُربت تو دیکھی تُو نے
کاش اپنا بر بھی دیکھا ہوتا

---

لگا کے آگ تُم چلے ہو کدھر
ابھی تو دل کے داغ جلنے ہیں

مُجھی سے پُوچھتے ہیں ہائے میرے شعر کا مطلب
سُخن کی ہے بے توقیری کہ سادگی بلا کی ہے

---

ایک مِصرعے میں ہی دل کے پار ہوتے ہیں
بازی گر ہیں ہم کوئی رنگ باز تو نہیں

---

نارسائی کا بھی گِلہ نہیں بنتا
ہاں سبھی کُچھ تو میری دسترس میں تھا

---

ٹُوٹ ہی جاتا ہے بھرم آخر
کوئی موسم سدا بہار نہیں

---

پہلے گُماں کو یقیں میں بدلا میں نے
اور پھر اُسی سُولی پہ میں لٹکا رہا

---

گُماں ہے میرے سپنوں کی منزل
ہُو بہُو سچ میں تیرے جیسی ہو گی

میں آج تیرے لئے کُچھ بھی نہیں ہوں مگر
کل تُو مری ہونے کو ہی منّتیں مانگے گی

---

شُعلوں سے شُعلوں کو لپٹنے دے
آگ ہی سے بُجھے گی آگ اس طرح

---

دوست ہیں تو پلٹ ہی آئیں گے
جو ہیں دُشمن تو بھاڑ میں جائیں

---

ایک ہی خواب کب تک کوئی دیکھے اب
زِندہ رہنے کو منظر بدلنے ہوں گے

---

دراصل آپ تک پُہنچنے کے لئے
مُجھے بھی پُورے قد سے جھکنا پڑتا ہے

---

تیرے بغیر جو جئے جاتے ہیں
سچ میں کمال ہی کئے جاتے ہیں

چُن دیے جائیں گے اُسی میں جناب
کبھی دیوار جو اُٹھائیں گے آپ

---

تیری محفل سے جو اُٹھ گئے ہیں
زِندگی اب تماشا ہے اُن کو

---

حسرتیں ہوں وِداع اِس دِل سے
سچ میں تُم جو ہمارے ہو جاؤ

---

ہمیں ذرا پیار سے ہی دِل سے اُتارو دلبر
یہ دھیان اب ہو کہ ٹُوٹ جائے نہ آبگینہ

---

یہ دسمبر تو نہیں یارو عذاب آیا ہے
سو رہی سی اِن اُمنگوں پہ شباب آیا ہے

---

پلٹ آنے کی بھی کرنا سبیل تُم
یہ جُدائی ہے کوئی موت تو نہیں

یہ فیصلہ لفظوں پہ چھوڑ دیں آپ
کِس نے ہے کیا کیا سلُوک اُن سے؟

---

یہ کیسی ہے سستی سی شُہرت
جو باور کرائی گئی ہے

---

نشانی دینے والے تیرا درد ہے جواں
یہاں سے اُٹھتا ہے، کبھی وہاں سے اُٹھتا ہے

---

اُنگلیاں تُجھ کو بھی چھونے سے ہی جب ڈرنے لگیں
میری نظروں نے مگر وقت پہ احسان کیا

---

دل نے ہی نہ مانی یہ بات ورنہ ہم اِس کو
تیرے جیسے دو چار اور بھی کھلونے لا دیتے

---

یہ تیری آنکھیں بھی رہیں سلامت
اِن میں ابھی کتنوں کو ڈُوبنا ہے

وہاں تک ہم بھی ساتھ چلتے ہیں
جہاں سے راستے بدلتے ہیں

---

پیاس میری بجھا کے ہی دم لیجئے
برلبِ دریا ہوں کچھ کرم کیجئے

---

مجھ کو ان سے زندگی اب کشید کرنے دے
حسن کی یہ مورتیں جو قریب میرے ہیں

---

تھا غنیمت ترا آستاں ہی ہمیں
سو وہاں سے بھی اُٹھ کے ٹھکانہ نہ تھا

---

آپ دِل کے نگر میں کیا آئے
قریہ قریہ مہک اُٹھا ہے

---

ہمارے دِل کا کیا ہے کرنا
حضور ہو فیصلہ بھی صادر

شاہزادی میں تیرا شاعرِ گمنام
دِل کو رکھتا نہ کاغذ پے تو مر جاتا

---

گرد بیٹھے تو معلُوم ہو
کون ہے ساتھ میں ہمسفر

---

آخری لو سا پھڑ پھڑا رہا ہُوں
خیر یہ دم بھی تو غنیمت ہے

---

ضابطے کی نہ تُو بات کر
راستے کی فقط بات کر

---

کیسی یہ سُلگتی ہے چاندنی بھی
میں بندِ قبا سے پُوچھ لُوں گا

---

اب لوٹ بھی آؤ تو کیا ہو
چلو تماشا کر دیکھتے ہیں

کون جانے کس نے چھانی خاک کتنی
تشنگی میں کس کا اب مقام کیا ہے

---

بات اِتنی نہ تُم سمجھ پائے
کون اپنا تھا، کون بے گانہ

---

غریب کو جنّت کا آسرا بڑا
امیر کوتسلّیاں اب اوربھی ہیں

---

زندگی بھی ٹرک کی بتّی ہے پیارے
خواب تُو دیکھتا جا اور جیتا جا

---

موت بھی بارہا چھُو کے گزری
زندگی ہے کہ جیت جاتی ہے

---

آگہی تھی یا بُزدلی تھی
لوگ کہتے ہیں خُودکشی تھی

تُجھے اُس زمانے کا ڈر ہے ناں
کِسی کی خُوشی میں جو خُوش نہیں

---

جہاں سے تُم نہیں گزرتے ہو
اب وہ رستے کہیں نہیں جاتے

---

دُنیا نے مصلحت جس کا نام رکھا ہے
نِری مُنافقت ہے اور کُچھ بھی تو نہیں

---

کھینچ لیتا ہے وُہ ہر بات کو اپنی جانب
اور اُسی بات پہ پھر رُوٹھتا بھی تو رہتا ہے

---

وصل میں بھی دھیان ہے
بھُول بھُول ہی رہے

---

ایک ہی رستے نہ ہم کو چلا اے زندگی
پارے جیسے لوگ ہم جلد اُکتا جاتے ہیں

ہم سمجھے تھے تجھ سے جو ملی خوشیاں ہیں
انجانے میں تھے درد خریدے ہم نے

---

تیرے بھی دل میں اُتر جاتے ہیں میرے اشعار
پھر بھی دل تیرا کبھی میرا نہیں ہو پاتا

---

شاعروں کی حسرتیں پڑھ لیجئے
زندگی کا بھی شعور آ جائے گا

---

اِسی آوارگی میں میری بھی ہے تھوڑی ساکھ
مانتا ہوں میں کہ خوار آپ بھی ہیں میرے ساتھ

---

تیرے بھی دل سے اُتر ہم چلے ہیں
اور نیا کوئی ٹھکانہ بھی نہیں

---

سامنے آ کے مجھے للکارے
میرے دُشمن تری اوقات نہیں

ہے کون کہاں سے آئے گا شہزادہ
اے لڑکی تُو کس گمان میں بیٹھی ہے

---

دل کو ہی نکال کے رکھ دیا ہے سامنے
اس سے بڑھ کے تجھ کو کیا میں بھی اب ثبوت دُوں

---

ابھی ذہن و دل پر میرے ہی ہیں نقوش ثبت
ابھی آنکھیں مُوندھ لینے سے کُچھ نہیں ہو گا

---

تُو بھی کن حُوروں کے چکّر میں ہے
ہیں مُیسّر جو اُن پہ تکیہ کر

---

یہ جانے سے انجانے کے ہی بیچ کا سفر
کرے ہے تقاضا ہم سے اِک اور حیات کا

---

جسم ہے تیرا کہ مے خانہ ہے کوئی
تشنگی تشنگی کو دے رہی ہے مات

کون بارش میں ایسے بھیگتا ہے
حُسن بھی بُوند بُوند چھنتا ہے

---

بدن کی آگ تھی جو ٹھنڈی تو ہُوئی
سُلگتا یہ دِل اور چاہتا ہے کیا؟

---

میری آغوش میں وُہ روئی جس کو
آخر وہ شخص میرا کیا لگتا تھا؟

---

کبھی آئینے کے آگے کھڑی ہو
کبھی مُجھ سے بچھڑنے کا اثر دیکھ

---

تب حُسن کا تھا احترام لازم
میں سرکشی کا سوچتا بھی کیسے

---

میں پرستش کی حد سے لوٹا ہوں
اب محبت فضُول لگتی ہے

ان دیکھا دائرہ ہے سبھی کے گِرد
خاموش سی ہے تنبیہ ہونٹوں پر

---

ریزہ ریزہ میں محبت میں ہُوا
کِرچی کِرچی چُنا خود کو میں نے

---

کرو گے چشم پوشی بھی کب تک
ہر دریچے سے میں دِکھائی دُوں گا

---

دِل سے کرو گے جُدا تو یاد آؤں گا
مُجھ سا نہ کوئی مِلا تو یاد آؤں گا

---

غضب ہے غیر کے پہلو میں مُسکرا رہے ہیں
گلابی لب جو ہمیں چُومتے نہ تھکتے تھے

---

عجب تیری محفل کے اطوار دیکھے
ترے ہم نے مُخلص اِدھر خوار دیکھے

تُم جھوٹ پہ ہی اور جھوٹ کو باندھتے رہ جانا
تصویریں بتا دیں گی چارہ گراں سچ کیا ہے

---

بھُول کر تیرے در سے ملی رُسوائی
مانگے ہے پھر تُجھے دل میرا سودائی

---

ہر پل اپنے وطن کو کوسنے والو
بے شجر پتّے دیکھے ہیں کبھی تُم نے

---

یہی مقتل ہو گا، نہ کر غم
تیری بھی باری آتی ہو گی

---

کون بانہوں میں بھر کے سُلاتا ہو گا
کیسے اُس کی بھی شب اب گزرتی ہو گی

---

تُم لکیروں کو فقط پیٹتے ہو
میں ہُوں قرطاس پہ ندرت لکھتا

جو ٹُوٹ کر مِرے ہی برابر آ گئے ہو
تو ساتھ چلنے میں اب مُضائقہ کیا ہے؟

---

ایک بوسے سے بہلے گا کب
دِل دوا پُوری مانگتا ہے

---

لڑکی ہے حُور جیسی مگر
پاس جِن کے ہے بیٹھی ہُوئی

---

آپ جس زُعم میں بھی مُبتلا ہیں
خُوش خیالی کے سِوا کُچھ بھی نہیں

---

یہ خُود کو چاند کہنے والے
کیُونکر شب بھر نہیں نکلتے

---

مُفت بات کرنے کو بھی نہیں یہ آمادہ
لوگ قید اپنے اپنے ہی دائروں میں ہیں

اِس ترقّی کا ہو ستیاناس
وقت اور پیار دونوں نہ بچے

---

یہ قلم ہے یہ تو لکھتا رہے گا
تُم سدا اِس سے بھی خائف رہو گے

---

یہ کیسا حیرت کدہ ہے جہاں کیا حیراں میں ہُوں
دو آنکھیں بھی کم ہیں بُہت اِدھر سبھی دیکھنے کو

---

رات کو مہکتی ہو
دِن میں سوئی رہتی ہو

---

دے رہے ہیں یہاں مراتب وُہ
جِن کا اپنا کوئی مقام نہیں

---

کون چلا گیا فِضا بھی کیا سوگوار ہے
سُونا ہے شہر دِل کا، ہر آنکھ ہی اشکبار ہے

دی خُدا نے جسے بھی ہے عزت یہاں
دُنیا نے کر کے رُسوا اُسے مارا ہے

---

پہروں بیٹھ کے یہ سوچتے رہنا
ایسے شعر بھی میں کیُوں نہیں کہتا

---

شعر پر ہوتا ہے گماں کیا کیا
ہے یہی اصل حُسن شاعری کا

---

چاک پر کھلتا ہے اِس خاک کا جوہر
کوزہ گر جانتا ہے حُسن کیا ہے

---

نئے لوگوں کی نئی سی ہے یہ دُنیا
نہیں بکتے ہیں اِدھر خواب پُرانے

---

نئی ہیں یہ دستکیں بھی پُرانے کواڑوں پر
حسینوں کی ایک نسل ہے بوڑھی ہوئی کیا؟

کیا رس ٹپکتا ہے انگ انگ سے
یہ پھول اپنے خُمار میں مست ہیں

---

جو بھی دل نے کہا، قبول کیا
زندگی سے نہ کُچھ سبق سیکھا

---

آپ کے مُتفق نہ ہونے سے
یہ حقیقت نہیں بدلنے کی

---

دُرست تار کو بھی تو ہے چھیڑنا اب شرط
یہ سازِ دل ہے جناب آپ کا کھلونا نہیں

---

کپکپی رُوح تک پُہنچتی ہے
خُود سے یُوں سہم جاتا ہے اِنسان

---

کسی خاتُون کو بھی آج تک نادم نہیں دیکھا
خطا جب بھی ہوئی اس مرد سے ہی تو ہوئی، طے ہے

تُجھ پہ جو مر گئے اے خانہ خراب
ترے ہمراہ جینا چاہتے تھے

---

اب آشنا تلک نہیں وُہ آنکھیں
جن میں کبھی فقط مری صُورت تھی

---

لاؤں وُہ فرصتیں کہاں سے
ہوں تُجھے دیکھنے میں جو صرف

---

جوانی راکھ کر دی، جلا ڈالی
کی خُود پہ ظُلم کی اِنتہا ہم نے

---

آپ کو بھی ایسی مجبوری نہیں
میں بھی تو ہر ایک کا بھائی نہیں

---

کتنی ہی حسرتوں کے جل اُٹھتے ہیں چراغ
یُوں رات بھر کوئی دل کے داغ گنتا ہے

کُچھ دوش نہیں ہے تیرے مے خانے کا
ہم نے تو نہ پینے کی قسم کھائی ہے

---

میں تُجھ کو اب بھی چاہتا ہُوں
کہہ دے تُو جانتی نہیں ہے

---

حد سبھی نے ہی کھینچ رکھی ہے
پار کرنے پہ پاؤں جلتے ہیں

---

ہاتھ ملتی رہ جائے تنہائی بھی اب
لایئے ایسی کوئی محفل کہیں سے

---

جناب شاعری کے جعلی ہیرے ہیں
سبھی کو کوئلہ خیال کرتے ہیں

---

چند تاروں سے میرا کیا ہوگا
لایئے پُوری کہکشاں کہیں سے

یہ مرمریں سے بدن پہ ابر کے چھینٹے
گلابوں پہ موتیوں سے ٹھہر گئے ہیں

---

آپ کے نہیں اِختیار میں
یہ بدن ہمیں سونپ دیجئے

---

میرا ہم عُمر ہے یہ آئینہ بھی
اس کی بھی تو جوانی ڈھل رہی ہے

---

لفظوں کے ہوتے ہیں کیا قصر زمیں بوس
قاری کو تو بس ہیرے دکھائی دیتے ہیں

---

ایسی بھی کیا دِل لگی ہو کہ خُدا بُھول جائے
یاد رہے سب فقط حرفِ دُعا بُھول جائے

---

گریز دن سے تھا راتیں عزیز تھیں
ہمیں تری سب باتیں عزیز تھیں

چند آوارہ سانسوں کا میلہ
نام جس کا ہی زندگانی ہے

---

نام کو جانے بھی دیں کیا کرنا ہے
شعر کافی ہے تعارف کے لئے

---

اِک پرایا بیٹا تھا میں
کل ترا بھی بیٹا ہوگا

---

ہجر رُت میں بھی تو سُلگ کر ہم
مزہ لیتے رہے جوانی کا

---

ایسے ویسے ہم کو گوارا نہیں ہیں
یار ہو کوئی حشر سا مانگتے ہیں

---

خوابوں کو بھی رنگیں سا رکھتے ہیں ہم تو
نیند تک کا ساماں جُدا مانگتے ہیں

کیا بُرا ہے جو خُوب کی ہے طلب کی
کون سا ہم ہی یہ بھلا مانگتے ہیں

---

تھا ربط تُجھ سے بحال کر کے بھی دیکھنا تھا
گئے دِنوں کا خیال کر کے بھی دیکھنا تھا

---

میں اپنے اِن لفظوں سے کاٹ دُوں گا
زنجیر جو بھی ڈال دیکھنا تُم

---

جو ساغر ہم کو ملا تھا
تو ساحر تُمھیں ملا تھا
اے بھارت واسیو کیسا
فلک نے مُعجزہ کیا تھا

---

بھر کے بھی نہ چھلکا جو وُہ ساغر تھا
مر کے بھی تو جی اُٹھا وُہ ساغر تھا

---

دِن ہی تو ہے منا لینے دو اِن کو
کون دلوں کو بھی باندھ سکا ہے

---

آ ہی جاتے ہیں صلاح لینے کو رقیب بھی
اُن کو میں بھی دائیں سے بائیں چکمہ دیتا ہُوں

---

لپٹ گیا ہُوں خُود اپنے خیال سے
ترا بھی ہجر کیا کُچھ کرائے گا

---

رہ مرے سامنے اور خاموش رہ
بات تصویر سے ہی بھلی لگتی ہے

---

یہ مری بھی آنکھیں جو تری دید کو ترسی ہیں
انہیں اب کے تری دہلیز پہ دھر جاؤں گا میں

---

ہے دل میں آنے جانے کو یہ کھُلا دروازہ
ہو کے کھڑے در پہ یُوں نہ آپ رستہ روکیں

میں نے کون سا آسماں مانگ لیا تھا
پڑا ہُوں نیم جاں اپنے اِرادے کے ساتھ

---

حُسن والوں کا ذِکر کیا
چلتے پھِرتے ہیں مے خانے

---

سبھی چراغوں کی ہے روشنی جُدا اِدھر
ہے مصلحت پسند تو بے باک ہے کوئی

---

اندھیروں کو سب علم ہے مانو
کہ کتنا دم کن چراغوں میں ہے

---

ہیں جان لیوا ساری ادائیں اب
کِس زاویے سے آپکو دیکھا جائے

---

آپکے دل پہ جب بھی ہوں گی
دستکیں وُہ ہماری ہوں گی

بھارت نہ کر جانثاروں سے تُو اٹھکھیلیاں
انگار ہیں ہم جلا کر راکھ کر چھوڑیں گے

---

بُجھا دیے سبھی دِیے خُود اپنے ہاتھوں لیجئے
اور اُس کے بعد سب اندھیرے امن بولنے لگے

---

ابھی کر لے تُو قدر باغباں کی
دیکھ اُجڑا چمن نہیں اچھا

---

غنیمت ہے کہ شاعر ہیں وگرنہ
یاں دل کی کون کہتا، کون سُنتا

---

کوئی اپنے لمس کی تصویر بھیجو
میں تُمھیں محسوس کرلوں اِس بہانے

---

رکھتے نہیں خُود پہ بے وفائی کا ہم قرض
سرکشی کر دیتی ہے حساب برابر

اِس نگاہِ غلط انداز کے صدقے
ہم ترے چاہنے والے ہیں دیوانی

---

وصل کے نام پہ فریب نہ دے
خُوب ہیں جانتے وصال کو ہم

---

قتال کو یہ دلیل کافی سمجھی گئی
نہ مارتا میں تو مُجھ کو مار ڈالتے آپ

---

مُجھ کو آپ سے جاں کا خطرہ ہے
کیا میں آپ کو مار سکتا ہُوں؟

---

تلاطُم خیز تیری جوانی کو
سنبھالیں گے یہ بندِ قبا کیا؟

---

یہ نصیبوں کا ہے مِلن پیارے
کبھی بارِ دگر نہیں ہوتا

آئینہ بھی نہیں کہتا جنہیں صُبح بخیر
تھا غنیمت جی کڑا کر کے ہم کہتے رہے

---

ہو ہراساں گئے وہ اتنی سی دل لگی پر
سچ ہے نیکی کا زمانہ نہیں باز ہم آئے

---

نام لے کر مذہب کا بھی مت مار اِسے
ہے تو اِنسانیت ہی یہ مر جائے گی

---

کِس قیامت کی دستک کی آرزُو ہے
اُن کے ہاتھوں پہ تو مہندی ہی لگی ہے

---

میں تو لینے کو کُچھ نہیں آیا
آپ کے ناز اُٹھانے آیا ہُوں

---

اپنی ویرانیوں کا رنج نہیں کرتا اب
اُن میں آباد ہو کر خُوش رہا کرتا ہُوں میں

سِتم تو یہ ہے تُم اِس اہل بھی نہیں
کہ دے تُمھیں جواب کوئی خردمند

---

اُن کی آمد سے ہے مشروط بہاروں کا جشن
فقط آ جانے سے جن کے مہک اُٹھتا ہے چمن

---

لاکھ چمن سے مُجھے نکال کے پھینکو
خُوشبُو مِری میرے ہونے کا پتہ دے گی

---

ہے تُمھیں معلُوم اہلِ کُوئے ملامت
نقش ہمارے ہیں جاوداں تو رہیں گے

---

دشت چمن ہی کی صُورت دکھائی دے
بیوی کو دیکھیے عینک بدل کے آپ

---

ہم فقیروں سے مسلک نہ پُوچھ
رب کے بندے ہیں جیسے تُو ہے

کبھی رُوٹھ جاتی ہے یہ شاعری
کبھی کاسہ خالی بھی رہ جاتا ہے

---

اِتنا بھی تُو نہ فاصلہ رکھ اب
جسم کو جسم کی بھنک نہ پڑے

---

مِلی ہے میرے سُخن کو بھی محبت کتنی
اہلِ دل جانتے ہیں، اہلِ نظر مانتے ہیں

---

چاہت سے نہ کبھی اِسے آباد کیا
آتے جاتوں نے دِل کو ہی برباد کیا

---

ہم کو گُریز دن سے تھا راتیں عزیز تھیں
پہروں کی چاندنی تلے باتیں عزیز تھیں
کیا دِن تھے، شامیں اور وُہ کیسی ہی راتیں تھیں
پیاری ہی پیاری وُہ سبھی گھاتیں عزیز تھیں

---

تِتلیاں یہ ہاتھ آنے کی نہیں
ہاتھ آنے کی نہیں یہ تِتلیاں

---

وسوسوں سے ہُوں کوس بھر قریں
کوس بھر قریں وسوسوں سے ہُوں

---

سبھی آرزُوئیں تھیں ہونے کو پُوری
تھیں ہونے کو پُوری سبھی آرزُوئیں

---

دِل کو بھی تیرے نام کی حسرت عزیز تھی
مُجھ کو یہ دل عزیز تھا اور دل کو تُو عزیز

---

تُو کہیں مِل جائے یہ حسرت بھی نہیں
پیار سے دِل کو تو اب رغبت بھی نہیں

---

رات بھر بیدار رہنے والوں کو
کُچھ زیادہ کی تمنّا ہوتی ہے

سونے والے کو نہیں اندازہ
جاگتے رہتے ہیں دِیوانے کیُوں

---

دوڑے جاتے ہیں تعاقُب میں ترے
جیسے اب تُو تُو نہیں زِندگی ہے

---

تو آپ آستین کے اندر ہیں
گلے سے میں لگاؤں، کیا کہنے

---

مُجھے دِیوار سے لگانا تھا
آپ خُود ہی کِنارے لگ گئے ہیں

---

سیدھے دِیوار میں ہی جا گھُسے ہیں
ہم کو دِیوار دِکھانے والے

---

اُسے تھی تب پرستش کی تمنا
بُتوں سے ہم کو مطلب ہی نہیں تھا

تُو مُجھ سا کیسے ہو سکتا ہے گُنہگار
جبیں پہ تیری تو سجدوں کے نِشاں ہیں

---

کہاں کے رہبر ہیں یہ کہانی گر
لہُو غریبوں کا ہی جو پی گئے

---

ہمیں جن حسرتوں پہ تکیہ تھا
دِل کی شاہی کو چھوڑے جاتی ہیں

---

ابھی ٹھنڈی آہیں جو بھرتا ہے
کبھی گُنگُناتا یہ دِل بھی تھا

---

خُود اپنا بھرم بھی نہ رکھ پائے
گئے ہم جہاں دِل کو چھوڑ آئے

---

شاعری درگاہ ہے نہ ہم بھی مجاور
تِتلیوں کو لفظوں میں اُتارتے ہیں بس

شاعری کیا ہے، شعر کیا ہے
سودا ہے جس کے سر سما جائے

---

فرشتے ہیں تو فلک پہ جائیں
میں اِن گنہگاروں ہی میں خوش ہوں

---

مانگے کی روشنی تو اندھا کرتی ہے
یہ چراغ اپنے میں خود ہی جلاتا ہوں

---

کیا خبر کس کی کتنی سانسیں باقی ہیں
مٹا دو یہ نفرت تو بھلا سبھی کا ہو

---

جبھی آنکھ کھلتی ہے تو
جہاں دوسرا پاتا ہوں

---

بڑے نایاب میری حسرتوں کے آبگینے ہیں
میں اِن کو اس زمانے کی ہوا تک بھی نہ لگنے دوں

یہ حسرتوں کے بھی بوجھ یارو
دِل کو کہاں ہیں دھڑکنے دیتے

---

قفس کو لے اُڑے گا یہ پنچھی تنہا
تُم اپنے دام سے بھی جاؤ گے صیّاد

---

یاد آئے تو بہت یاد آئے
ہم کو بھُول ہی جانے والے

---

لہُو دِل کا ہم نہیں بیچتے
یہ قلم بھِگو لیا کرتے ہیں

---

تُو مری رہبری کا کمال تو دیکھ
قافلے والوں کو ہی تھکا دیا ہے

---

زمانہ کہتا رہے تُم نہ مانو پر سچ ہے
کہ ڈُوبتی ہُوئی کشتی کے ہم مُسافر ہیں

لٹے جو قافلے رہبروں کے ہاتھ
نہ سُنی عرش نے بھی ذرا اُن کی

---

قدم قدم پہ ہیں فریب سے گڑے ہُوئے
یہاں تو پھُونک پھُونک چلنا بھی محال ہے

---

کیا سوچ کے دوڑتے آپ جناب چلے آئے
میں بھی رستے میں بیٹھا ہُوں نہ بے نوا ہُوں

---

یہ شاعری پیشہ ہے نہ ہی شاعر دلال
بزم اپنی یہاں، شمع بھی اور پروانہ بھی

---

دانستہ اچھی شاعری لکھ لی جاتی
تو یاں کا ہر ہر نابغہ شاعر ہوتا

---

ہے ترا یہ حُسن بھی تو نعمت مُجھے
اور میں کُفران کا سوچتا بھی نہیں

دم غنیمت ہے آپ سے احمقوں کا
شاعری سے اپنا کیا لینا دینا

---

ہر اِک کا ہے ایجنڈا
ہر ایک کی ہے دُکان

---

کب یہ سوچا تھا دو بچھڑے دِلوں نے
یہی پچھتاوے مُقدّر ہوں گے

---

بادشاہ کا ہے یہ فرمان
مرتے کو اور مارا جائے

---

کہاں چونکا پائے تُم
میں حیران کر دُوں گا

---

ہے عقل سے کیا لڑائی یہ میں ہُوں
تُمہارے تو مُقابلے پہ ہی نہیں

ذرا یہ خُون نچوڑیے گا دھیان سے
عوام ہیں مر بھی سکتے ہیں جناب

---

ساتھ لے کر گیا ہے کون مال اپنا؟
چاہو گے بھی تو اِس کو چھوڑ جاؤ گے

---

کون کا ہے کا امیر
سب دھرا رہ جائے گا

---

امیریکا نام کا بھی ہوتا تھا بدمعاش
کبھی آیا یاد تو ہنسے گی یہ دُنیا پھر

---

دے بھی دے میرے محرما اِکبار
تیرے ترکش میں بوسے جتنے ہیں

---

یاں کون چُومتا ہے سر سے پاؤں تک
یہ میری جاں بڑی فُرصت کے کام ہیں

اِمکان تو ہوتے ہیں لفظوں میں بھی
یہ زندگی پھر زندگی ہے پیارے

---

یہ گرد سی بیٹھ جانے دو تُم
میں پھر چمکتا دِکھائی دُوں گا

---

رِفعتوں کے افسانے
من گھڑت نہیں ہوتے

---

تیری تصویر کا کیا کرُوں میں
آ مِرے پہلو میں تو بات بنے

---

غیر کے گھر سے نِکلا بھی تو کیا
کب وُہ اپنا تھا جو پرایا ہُوا

---

بدلے میں ساری دُنیا دے ڈالوں
ایک مانگوں تو دِلبری تیری

ہم تری تصویر سے او بے خبر
کیا مزے کے کام لیا کرتے ہیں

---

جنّت کے خواب ہیں برحق مگر واعظ
اِدھر بھی سانس لینے میں بُرا کیا ہے

---

اپنے پیروں پہ کون کھڑا ہے
سب نے ہی ٹیک لگائی ہُوئی ہے

---

ترے بھی سینے میں پتّھر ہے کوئی دل ہی کہاں ہے
جبھی مرے ارماں سر پٹک کے لوٹ آتے ہیں

---

دیکھ لو عید کے بہانے آج
کل سے پھر چاند بادلوں میں ہوگا

---

تُم کو نہیں کرتا یاد
اب مر گیا ہے کوئی

ٹُوٹ جاتے ہیں دِل بھی
آپ حوصلہ رکھئے

---

خواب اُلٹ تھے، تعبیریں بھی اُلٹ
ساتھ اپنے پھر ہاتھ ہو گیا

---

ٹرک کی یہ بتّی کبھی
تھی کتنی غنیمت مجھے

---

کیا مُسافر خانہ تھا دِل اپنا بھی
لوگ آئے ستا کر پھر چل دیے

---

ایک ہی رستہ بچا تھا
سمجھو خُود سے صُلح کر لی

---

دِل نے بے لوث محبت کی تھی
دِل کو مطلب کے سِوا کُچھ نہ مِلا

نام بدنام تھا رہزنوں کا مگر
اِن نئے رہبروں نے تو حد کر دی ہے

---

گو مسیحا نہیں تم ہو پیادے
جھوٹ بولنے میں جاتا کیا ہے

---

مُحتسب بھی آیا عاجز
آئینوں میں کون جھانکے

---

ہے ماضی مُنصفوں کا بھی
گنہگاروں پہ بھاری ہے

---

آپ کے بدلنے کی دیر تھی
ہم کو بھی نیا پیار ہو گیا

---

دانستہ بتاتے ہیں دام اُونچے یہ دیوانے
دِل مُفت میں بھی دے جاتے ہیں سرِ عام اکثر

آپ کا ہے کے ہیں سُخن شناس
نام دیکھ کے واہ کہتے ہیں

---

بات دِل کی زُباں پر نہ لایئے گا
طے ہے ورنہ بہت مار کھایئے گا

---

رنگ چہرے کے چندا بدلیں گے
دِل کے موسم بھی تو جُدا جُدا ہیں

---

پھر نہ جنّت ملے گی تُمہیں
دُوسری گر حماقت ہُوئی

---

اپنے دِل میں جو دھڑکتا اِک نام تھا
اُس کو بھی اپنے ہی مطلب سے کام تھا

---

اِس خرابے میں سارے ننگے
چور کو چور مانتے ہیں

ہو گئے یاں غرُوب آفتاب کئی
آپ کی میری اوقات ہی کیا ہے

---

رکھتے سینے میں دِل نہیں لیکن
وُہ محبت کا دم تو بھرتے ہیں

---

لُوٹے گئے پہلے خواب اپنے
پھر خالی آنکھیں لوٹا دِیں ہم کو

---

ہمارے غم اب تُمہارے غم ہیں
ہمارے خرچے ، تُمہارے خرچے

---

قلم اُس کے ہاتھ سے چھین لو
گرا دے گا ورنہ وُہ بُت سبھی

---

عجب اِس بار ہیں دو دِل بچھڑے
نہ تُجھے رنج ہے ، نہ مُجھ کو ملال

کون دستکیں تُم اب تک اُٹھائے پھرتے ہو
وقت نے ہیں دروازے ہی گرا دیے سارے

---

دل پگلے نے یہ ٹھان لی ہے
سُن چار میں ایک تُو بھی تو ہو گی

---

لایئے تو مری جان کو لبوں تک
دیکھیے تو ابھی رات گُزری نہیں

---

کھٹکنے لگی تھی اُس کو بھی پیاس میری
ابر جو مری ہتھیلی پہ دھر گیا تھا

---

اوڑھ لے گی تُو جو بُڑھاپا
ہم جوانوں کا ناس ہو گا

---

منزلوں کو ہی یاد آیا
کوئی رستہ بھٹک گیا تھا

خزاں تھی مگر کہنا تھا ہے بہار
کیا کونسی یہ بڑی بات تھی

---

تیرے یہ آنسو نہ دُوں گا گِرنے
میں اِنہیں پلکوں پہ ہی چُوم لُوں گا

---

بھول جاؤ گی باتیں سبھی
یاد میں تم کو رہ جاؤں گا

---

گِلہ کانٹوں سے کب ہے
یہاں پھول مُجرم ہیں

---

دِل کی ہر بات سمجھتا ہے وُہ
کوئی خُوش فہمی سی خُوش فہمی تھی

---

ہُوا ہے کون آفتاب غرُوب
کہ یہ تیرگی پھر سے جیتی ہے

میں نے کب پُوچھی آپکی رائے
اپنی تخلیق ہی تو نذر کی ہے

---

فرِشتوں نے کُچھ لچّھا بھی لِکھا ہوگا
یا رب میری خطائیں درگزر اب ہوں

---

ختم نہیں ہوتی ہے اِن فرِشتوں کی ڈائری بھی
یہ ہم گُنہگاروں کو کرتے ہیں گُنہگار بہت

---

پیارے فاصلے سے دیکھنا بُوں کو تُم بھی
قریب آتے ہی پاش پاش ہو جائیں گے

---

اے سُخن کے سب ناخُداؤ سُنو
تُم یہ ناؤ ڈبو کے چھوڑو گے

---

تڑپ اُٹھا ہے پارہ بھی
یہ گرمی جان لے گی کیا

خُدا کو اب تو پُکارو لوگو
زمیں پہ کیا غدر مچ گیا ہے

---

عجب یہ درویش ہیں فقیر و ملنگ بھی ہیں
ادب کی اِن کالی بھیڑوں سے سارے تنگ بھی ہیں

---

نہ عُمروں کا آپ مانگئے ساتھ
کہ یہ زمانہ بدل گیا ہے

---

دِل سے ہی آنکھ تک اور آنکھ سے دِل تک
آتے جاتے رہے اشک و صنم پیہم

---

یُونہی بیٹھے رہو تُم کُرسی پہ بن کے فرعون
رہ بھی جائے جو فقط پنجرہ تو بھی کیا غم ہے؟

---

اِک چھوڑ کے مُجھ کو ہی
سارے بڑے شاعر ہیں

وقت ازخُود جتادے گا گدھا ہے
شیر کو شیر ہی رہنے دو ابھی

---

ہیں اگر آپ بھی کوئی شاعر
تو مجھے بے ادب سمجھا جاوے

---

سُنا ہے تم بھی یاد کرتے ہو
پتھروں کو بھی رونا پڑتا ہے کیا ؟؟

---

تیرے سراپے میں دائرے ہیں
اِنہی میں ہم تو گھوما کیئے ہیں

---

ہاں دکھاؤ تو ہم کو بھی اُن کا ہی نامہ ذرا
ہم بھی دیکھیں جفا کی ملتی ہے اب سزا کیا

---

خواب بیچے گئے، دِکھائے گئے
اور پھر چھین لیں یہ آنکھیں بھی

تُمھاری یہ جیت کیا، تُمھاری یہ ہار کیا
دُعا کا ہے ساتھ تو کوئی بددُعا بھی ہے

---

بات اِتنی سی ہے بس
تُمھی یاد آتے ہو

---

آدھے خالی جام میں بھی اُمّید تھی
وُہ تک اِن موقع پرستوں نے چھین لی

---

دِل کو توڑا سا گیا ہے دھیان سے
کرچی کرچی بھی ہے اور یکجان ہے

---

بچھڑوگے جو ہم سے تو
ڈُوب ڈُوب جاؤ گے

---

یُوں جینے کی عادت نہ تھی
مگر زِندگی، شکریہ

یاد رکھنے کو کُچھ بھی نہیں
بھُول جانے کو ہے ہی کیا

---

عُمر بھر جینے کی دُعا کی ہے
مرنے کی اب تمنّا کون کرے

---

بتلا اِتنی محبت کون کرتا ہے؟
زِندگی ہم نے تُجھ کو چاہا ہے جِتنا

---

ایک سے بڑھ کر ایک ہیرا ملا
پاس تھا جو بھی لے کے چلتا بنا

---

رہ گئی درمیاں وصل کی خواہش
تخت جو مِل گیا، بخت نہ مِلا

---

جب یہ بازی پلٹ رہی تھی
کہاں سُنتے تھے تم کسی کی

رکھ لیا ہے ہم نے تیرا مان ورنہ
کون آتا ہے پلٹ کے زندگی میں

---

کرائے کے تھے قاتل اب
نام تھا، نہ چہرہ تھا

---

دِل کے تاروں کو نہ چھیڑ
ہم ستائے بیٹھے ہیں
کانٹوں سے بھی کاری چوٹ
گل سے کھائے بیٹھے ہیں

---

سبھی یادوں کے ہوتے بھی
پریشان کیوں رہتے ہو؟

---

ان کہی بات کا بھی کوئی تو گھر ہو جائے
دِل یہی چاہتا ہے اُن کو خبر ہو جائے

---

بدل جاتی ہیں کیسے یہ ہوائیں دیکھ لینا
یہ مانا ہم نے ہو خُود سر اور مغرور تُم ہو

---

خواب بیچے ہیں ہم نے
دام تو مُناسب دو

---

ہر اُلّو کا پٹھا
زیاں ہے چمن کا

---

چاہتا ہُوں میں کہ رُخصت ہو مگر
شاعری اب کہیں جاتی نہیں ہے

---

بچھاتے ہی لپیٹنے کی پڑ گئی
بساط والوں کی بھی کیا بساط ہے؟

---

ہم نے ہی یہ نظر ہٹا لی ورنہ
سوچ آج کیا کیا نہ ہُوا ہوتا

جگ سارے کے ٹھرکیوں کی پا کر داد
میڈم نے غالب کو بھی دے دی ہے مات

---

تُو خُدا کی تھی کوئی سوغات
میں نے تو اِک توجّہ کی تھی

---

دیکھ کے پوشاکِ قاتل
مُنصفی نے توبہ کر لی

---

کوئی بھی تو خبر اچھی نہیں ہے
کیا قِسمت کبھی کھلتی نہیں ہے

---

پریشاں سے ہیں بازی گر بھی
سبھی چالیں اُلٹی پڑی ہیں

---

سُدھارے عدم کو آپ
مُجھ کو آیا ہی سمجھیں

زِندگی میں خاک وُہ آگے بڑھے گا
ایک در ہو جس کا ماضی میں بھی کھلتا

---

عوام کو جو دی ہوتیں مُسرّتیں تھوڑی
تو میرے بادشاہ اب بھی تُو بادشاہ ہوتا

---

جھوٹ بولتے ہو وثُوق سے
گھاس کھاتی ہے یہ عوام کیا؟

---

کتنے نوخیز دِکھتے تھے ہم
ابھی بِکھرنے کے نہیں تھے

---

شاہوں کی رہے انا سلامت
چلتی رویں گی معیشتاں بھی

---

دام جس نے بھی محبت دیا بول
اپنا کیا ہے اُسی کے ہم ہو لئے

اِنہی یادوں کے ساتھ چلنا ہے
اِنہی یادوں کو چھوڑ جانا ہے

---

ایسی سنگدلی پہ راضی نہیں دل بھی
کیجئے کچھ بھی مگر تنہا نہ کیجئے

---

ہے زخم سے بڑی عنایت آپکی
جو آپ نے دیا محبت آپکی

---

کوئی تو بات دُشمنِ جاں میں ہے
بے وجہ گالیاں تو نہیں کھاتا

---

ہمارے سوا نہ آئے گا تُم کو بھی قرار
کہاں ڈُھونڈتے پھرو گے موسم بہار کے؟

---

میری دسترس کے ہی تو طُفیل
بھیڑیے تُجھے باجی کہتے تھے

ہر ہی تاریخ پہ دے دیتے ہو تاریخ اگلی
حیراں ہُوں تُم مرے معشوق ہو یا پھر جج ہو

---

نزولِ آیتِ دل ہے یہ صاحب
ہر ایرے غیرے پر تو نہیں ہوتا

---

ریشم کی ان ڈوریوں سے ہم بندھے پنچھی
رِشتوں کو نبھاتے ہُوئے ہی مر جاتے ہیں

---

وُہ بھی منزل پہ رُک گیا تھا
ہم بھی آ کے گُزر چکے تھے

---

لئے فقیروں نے دام پُورے بہشت کے اور
کیا پسر اپنا جنّتِ ارضی کو روانہ

---

تُمہیں بھی ہے غلط فہمی، ناداں ہو تُم
ہو گئے غرق اِدھر سُورے کیا کیا

آپ کے مُنہ سے تعارُف کا بے حد شکریہ
اِتنے بھی کمزور اب میرے حوالے نہ تھے

---

زمانہ رُوٹھ جائے گر تو بھی کیا ہے
تری ناراضگی دیکھی نہیں جاتی

---

اِک سوچ لینے سے کیا ہوتا ہے
سارے مرے گناہ ادُھورے ہیں

---

کیا کیا نہ کیا رد کلام ہم نے
خُود میں ہی اِک مُعتبر جو ٹھہرے

---

اچھا ہے موجوں میں تلاطم سا رہے
بارِ دگر بھی آپ دیکھا کیجئے

---

تُو نے سمجھا تھا خواب جس کو
سات رنگ اُس میں بھر دیے ہیں

ہے جھوٹ سے زیادہ مُہلک یہ آدھا سچ
ہے بولنا تو سب کہہ دے ورنہ چُپ ہی رہ

---

کاہے بولے آدھا سچ
بول پُورا جھوٹ بول

---

چھوڑ دے یہ آدھا سچ
پُورا تُو فریب دے

---

ابھی ترتیب سے ہی رکھے ہیں
اِن چراغوں کا جلنا باقی ہے

---

لمحوں میں طے کیئے صدیوں نے فاصلے
زِندگی ہی تو تھی، دِل لگی ہی تو تھی

---

گو خفا پھُولوں سے رہتے ہیں ہردم
کانٹے ہی ساتھ نبھاتے ہیں ہر پل

خُود پر بھی کیُوں نہیں کرتے ہم
جو رحم اوروں کے لئے مانگتے ہیں

---

اب نہ لائیں گے ہم دل میں کوئی مہماں
رہ لیں گے تنہا، تُجھ کو بھُول جائیں گے

---

ہے کئی برسوں کی میری ریاضت
آپ نے تو ابھی پاؤں دھرا ہے

---

راہ میں ہیں راہزن بھی رہنُما بھی ہیں
منزلوں کی بھی اُمّید دونوں ہی دیں گے

---

ہے چارہ گروں کی چارہ گری کا یہ مُعجزہ
کہ دامانِ تار تار اب اُجلا نہ میلا ہے

---

دونوں پلڑے تھے برابر پہلے پہل
کُچھ اِدھر کے لوگ اُدھر کو پھِر چل دیے

میں اُس کے ہی تعاقب میں کتنا دُور جاتا
یاں مر چلے تھے بُت اور بھی نازنین اور بھی

---

حد ہے یہ نا رسائی کی میری
تیری تصویر سے جل گیا ہُوں

---

تاروں کو پاؤں تلے روندا گیا
چاند نے توبہ چمکنے سے کی

---

ہو جاؤ گے خاک تُم بھی اِک روز
اپنے نِشاں ڈُھونڈتے پِھرو گے

---

اندھیرے کو ہی اب روشنی یہ بتاتے ہیں
ستمگر یُوں بھی تو اکثر الُو بناتے ہیں

---

اندھیرے کو ہی تو روشنی مان لیجئے
ہوائیں بدل گئی ہیں یہ جان لیجئے

مجھ سا کہاں ملے گا کہ جھونکا ہوا کا ہُوں
تیرا بدن تراشنے کو گُل نظر میں ہے

---

مجھ سا کہاں ملے گا کہ جھونکا ہوا کا ہُوں
تیرا بدن تراشنے کو بُت نظر میں ہے

---

جنہیں اپنی نہیں خبر کُچھ
ہیں ہماری خبر کو آئے

---

سہل ہو جائے گا جیون کا سفر بھی
اِک تغافل بڑی نعمت جہاں میں ہے

---

سب کُچھ تِنکوں سا بکھر جائے گا
کب یہ سوچا تھا، کب یہ جانا تھا

---

درد کے زائچوں کو دیکھو تو
سال بدلا نہ حال بدلا ہے

درد کے زاویے سے دیکھو تو
سال بدلا نہ حال بدلا ہے

---

شعر ہوتا رہا کرم ہوتا رہا
لوگ جلتے گئے، ہم جلاتے گئے

---

کون سمجھائے گدھے کو یہ بات
ہر شے کو گھاس سمجھ بیٹھا ہے

---

ہم فقیروں کو راس آتی نہیں دُنیا
جیت کے بھی سبھی کُچھ ہار دیتے ہیں

---

کھڑے جس بھی دیوار کے ساتھ تھے
کھسکتے کھسکتے کھسکتی گئی

---

ہماری یہ دسترس بھی کیا دسترس ہُوئی
تکلّف اِدھر بھی ہے، تکلّف اُدھر بھی ہے

صدیوں کی یہ بے بسی
رفتہ رفتہ جائے گی
صدیوں کی یہ بے کسی
رفتہ رفتہ جائے گی

---

آ ہی جائے گی کبھی تو قیامت بھی کسی دن
پہلے پر صاحب آپ کو بھی موت آئے گی

---

اکیلے ہو چلے آؤ
سُنو ہم بھی اکیلے ہیں

---

قسمت سے نگینے بھی نکل آتے ہیں
کُچھ یار کمینے بھی نکل آتے ہیں

---

اچھے دنوں کے لئے ہی ہمیں
دن بُرے بھی دیے جا رہے ہیں
حوصلے توڑے بھی جا رہے ہیں
حوصلے بیچے بھی جا رہے ہیں

اچھے دنوں کے لئے ہی ضرور
دن بُرے چھینے ہی جا رہے ہیں
حوصلے توڑے بھی جا رہے ہیں
حوصلے بیچے بھی جا رہے ہیں

---

کیسے یہ چراغ ہیں
دیتے ہیں دُھواں فقط

---

حاکم کو ہے یہ زُعم کہ رسّی دراز ہے
مخلوق جانتی ہے، خُدا کارساز ہے

---

کوئی جلتا ہے چراغوں سے
کسی کو بیر روشنی سے ہے

---

لوٹ کے آنا تھا گھر جن جن کو
پُوچھ بیٹھے ہیں وُہ رستہ کسی سے

---

چوروں کے حاکم بھی چور
پڑ گئے چوروں کو مور

---

اِنساں کو اِنساں تو چاہیے پہلے
اِنسانیت بھی آتی رہے گی

---

ناروا کو بھی کیے جاتے ہو تسلیم
بے بسی تو نہیں ہے یہ بے حسی ہے

---

ناروا سے بھی کر لیتے ہو سمجھوتہ
بے بسی تو نہیں ہے یہ بے حسی ہے

---

خُود کو بھی دے رہے تھے فریب سا ہم
بھُول جانے کا اُس کو بھی کہہ رہے تھے

---

تیز دُھوپ کا تھا سفر ترا
جا تُجھے یہ چھاؤں نصیب ہو

سائباں مانگا تھا تُو نے
جا تُجھے یہ چھاؤں راس آئے

---

جو بیت گئی وُہ زندگی تھی
جو باقی ہے اب نجانے کیا ہے

---

ڈھنگ سے کرتا نہیں اب تو ستم بھی
لوگ کہتے ہیں گیا کام سے صیّاد

---

اِس ظُلم کو بھی تو درکار اب کے بہانے ہیں
اور سانس مُسلسل ہم بھی تو لئے جاتے ہیں

---

ابھی تو خیال آیا ہے
بنے گی وُہ تصویر ابھی
ہوگا حُسن ابھی جلوہ گر
بٹے گی لو خیرات ابھی

---

گہری چُپ بے وجہ نہیں ہوتی
درد آواز چھین لیتے ہیں

---

دو اِنتہاؤں کے فریب میں آئے ہم سادہ مزاج
کبھی اِدھر دیکھتے ہیں، کبھی اُدھر دیکھتے ہیں

---

درد کے اپنے کُچھ تقاضے تھے
غم کے مارے بہلتے تو کیسے؟

---

جن آنکھوں سے دیکھی تھی دُنیا
وُہ بھی تو تُجھے سونپ دی ہیں

---

یہ ہنستی ہُوئی مکرُوہ صُورتیں
قسم لے لو شیطان کی بہنیں ہیں

---

کبھی تو خُدا بندوں کے بیچ تھا
ہے خوفِ خُدا بھی نہیں باقی اب

دردِ اپنے تھے خُود ہی سہنے پڑے
سانجھی تھی خُوشی سو بانٹی گئی

---

اِس شبِ تاریک کی سیاہی سے کہہ دو
اہلِ نظر روشنی کے ساتھ کھڑے ہیں

---

اِس شبِ تاریک کی سیاہی سے کہہ دو
اہلِ نظر روشنی کی سمت کھڑے ہیں

---

جس دن نوسربازوں کا کُوچ ہوگا
میٹھے کی دُکانیں بھی بند ہوں گی

---

قتل کیجئے یا محبت ہم سے ہی کر لیجئے
دیجئے جو بھی سزا ہم کو مُناسب جانئے

---

چاک اپنا نہ کوئی گریباں کرے
دشت میں بھی تو اب شہر اُگ آئے ہیں

ہمیں ہی ڈھونڈتے رہو گے تُم
ہو گی محفل بپا نہ ہونگے ہم

---

میں نے بھی کوئی حُجت نہ کی
آپ نے بھی توقُف نہ کیا

---

یہ خیالوں کو بھی لیتے ہیں اُچک
بات پھر بھی ٹھیک سے بنتی نہیں

---

لوگوں کی اِک آہ کے طُفیل آپ
جائیں گے جہاں بھی خوار ہونگے

---

کہنے لگا ہے یہ اندھیرا اب
دیکھو تو روشنی میں ہی ہُوں

---

جیت کر بازی بھی خالی ہاتھ تھا
اور پھر میں ہارتا چلا گیا

کیجیے ہم خرابوں کو مت اور خراب
دیکھتے دیکھتے گلے پڑ جائیں گے

---

پیاس ہماری ہی بُجھ گئی شاید
پانیوں میں بھی وُہ بات نہیں ہے

---

دُنیا میں تھی جنّت نظروں کے سامنے
باغ و گُل میں ہی ناداں سمجھتے رہے

---

چور بھی بولے ہے، ڈاکو ڈاکو
سب الف ننگے حمام میں ہیں

---

ایسی بھی کیا ہُوئی خطا ہم سے
کانچ سا دِل ہمارا توڑ دیا

---

میں مُنافق ہی حسبِ ضرُورت سہی
مُجھ کو اپنی جنّت بھی مگر چاہیے

مخلوق کا مارتے ہیں حق یہ زمیں زاد پہلے
پھر دوش دیتے ہُوئے روتے رہتے افلاک کو ہیں

---

اپنی مرضی کی لگا کر عینک اِک
دیکھو ہم نے دُنیا بدل ڈالی ہے

---

پھُولوں کے عشق میں یہ بھنورے بھی
کہاں رنگوں کو پرکھا کرتے ہیں

---

میں نے بھی تو وہی رستے چُنے تھے
فرشتے جن کے آخر میں کھڑے تھے

---

یہی آہنگ تو پہلے بھی ہیں برتے گئے
یہ زمینیں کسی کی اب جاگیر نہیں

---

چمن کے جب بھی کام آئے
یہ خُود رو پھُول ہی آئے

دل سے مرے مر کے بھی نہ نکلی
حسرت یہ نہیں تو اور کیا ہے

---

بعد مرنے کے بھی جو دل سے نہ نکلی
یہ نگوڑی حسرت نہیں ہے تو کیا ہے

---

مری آغوش میں ہو تُم تو کیا غم ہے
یہ عشرت مُجھ کو جنّت سے کیا کم ہے

---

سچ کا تُم بھی نہیں دو گے ساتھ اگر
جھوٹ ننگا یُونہی ناچتا پھرے گا

---

خطا اِتنی ہے کہ مٹّی سے جُڑے ہیں
جہاں کے تھے اُسی گلشن میں پڑے ہیں

---

تُم نہ آئے تو ٹُوٹ جائیں گے ہم
شیشہ دِل کا بھی ریزہ ریزہ ہو گا

آپ اچھے ہیں چاہنے والے
دِلبروں کا پتہ ہی بھول گئے

---

کُچھ تو اس میں تمہارا بھی دخل ہوگا
سوچو ہر سانحہ حادثہ ہے کیا

---

تری تلاش میں نکلوں گا پھر سے زندگی آج
نہیں میں تجھ سے تو مجھ سے گریزاں کس لئے ہے؟

---

کل کے مُجرم تھے چھوڑو جانے دو
آج کے مُجرموں کی باری ہے کل

---

مٹی کے کھلونے ہی تھے اب تو کافی مجھے
میں لے کر بھی تیرے ہیرے موتی کیا کرتا

---

اپنی تقدیر کی تیرگی یہ حاکم
سلطنت میں برابر بانٹ لیتے ہیں

تُم میرے ساتھ چل ہی نہیں سکتے
میں تو ہوا کے رُخ پہ نہیں چلتا

---

سانحے کو نہ حادثہ کہو تُم
اُس کی مٹّی خراب ہوتی ہے

---

مُحبت کسی اور سے کر دیکھنا
جو آئیں نہ ہم یاد تو مان جائیں

---

بازی گر ہیں یہ شاعر نہیں
لفظوں سے ہیں فقط کھیلتے

---

کی بُتوں کی لاکھ ہم نے بھی پرستش دہر میں
لوٹ کے ہم آخر اپنے ہی خُدا کے پاس آئے

---

کیا تُو ہے اور کیا ہے قامت تیری بھی
رنگ بازی ہے، نری بازی گری

یہ شجر تُم سا ہی اِنساں تھا کبھی
آج ساکت ہے مگر زندہ ہے

---

ہم اِشاروں ہی اِشاروں سے کُچھ آگے بڑھے
مُجھے بھی آپ وُہ کہنے لگے میں اُنہیں آپ

---

کر کے رُخصت بھی اپنے ہاتھوں مُجھے
کیُوں جہاں بھر میں کوئی ڈُھونڈتا ہے؟

---

دِل سے اُترا ہے یُوں اس بار کوئی
سمجھو مر ہی گیا ہے جیتے جی

---

تُم کو تھا جانا ہی، تُم چلے گئے لیکن
اِتنی بھی عُجلت میں کیا کوئی گیا ہو گا

---

کروٹیں ہیں، میں ہُوں، بستر کی سلوٹیں بھی ہیں
چین یہاں بھی نہیں، چین وہاں بھی نہیں

شاعر کو کبھی لفظوں کا کال نہیں پڑتا
ہیرے کی جگہ وہ ہرگز کانچ نہیں جڑتا

---

جو رستہ بیچتے تھے گلی گلی پہلے پہل
ہُوئی جو منزلوں کی بات صاف مُکر گئے

---

ہیں اندھیروں کی رسیا آنکھیں ہماری
روشنی کی اِن کو تو عادت نہیں ہے

---

آپ اِن چراغوں کو روشنی کی حاجت ہے
ہے اندھیرا اِن کے نیچے بھی اور اُوپر بھی

---

چنگاری ایک بھی کافی تھی چمن کو سارے
برق و شرر کا اِسقدر انبار کس لئے ہے

---

ٹکے ٹکے میں سو سو سپنے بیچنے والو
کروڑوں آنکھیں لہُو لہُو ہیں، وجہ تُم ہو

پھسلتا جائے ہے پانیوں سا
بدن کے رستوں پہ لمس میرا

---

جس صنم کی سرد مہری سے ہی خائف تھا میں پھرا
اُس کے برفیلے بدن سے بھی کیا انگار نکلے

---

رس بھرے پھولوں کے ہم شیدائی
چھلکے جو جام وُہ پی لیتے ہیں

---

میں جانتا ہُوں روشنی بھی کِس کو کہتے ہیں
تُو اپنے اِن بے نُور چراغوں کو پاس رکھ

---

ہے حسرتوں کے سِوا آنکھوں کی میراث کیا
یہ خواب بھی جو نہ دیکھیں گی تو مر جائیں گی

---

ہنستے بستے ہُوئے یہ لوگ بھی مر جاتے ہیں
کُچھ تو ہے زندگی میں جس سے کہ ڈر جاتے ہیں

دیکھتی آنکھو، سنتے ہی کانو
اب کسے دیکھو گے کیا سُنو گے؟

---

یہ بُت اپنے ہی بوجھ سے گریں گے
یہ کلنک آدمی کے نام پہ ہیں

---

جو بات کوئی نہیں کرتا وہ رقم ہم کریں گے
سچ بول کے جھوٹ کا سر تیرے قلم ہم کریں گے

---

صدیوں سے میں تیری تلاش میں ہُوں
اور تُو کسی اور کی پناہوں میں ہے

---

ریشمی بادلوں سے نکل کے اب آ
عُریاں آنکھوں کو سب عُریاں دیکھنے دے

---

ڈالی سے لے لیا کرتے ہیں مہک تھوڑی سی
توڑتا کون ہے بکھرے رنگ برنگے پھُول اب

کِتنا بے بس تھا آواز بھی دے سکا نہ کوئی
اب سوچتا ہے، روتا ہے، پھر سے سوچتا ہے

———

تری میری بس دو لعنتوں کی ہی مار ہیں
یہ چُورن فروش اب کِسی گنتی میں نہیں

———

کیسے گُزری ہے رات دِل جلوں کی
کروٹیں ہیں سلوٹوں نے گنی سب

———

نشہ پُورا چڑھنے اُترنے دو
یُوں نہ خُود سے مُجھ کو جُدا کرو

———

اکیلا کب اُٹھوں گا تیری محفل سے
یہ میری حسرتیں بھی ساتھ جائیں گی

———

سوچو ذرا اِدھر ہے ہی اپنا کیا تو جانو گے
درد بھی اوروں کا دیا، زخم بھی تو پرائے ہیں

کہ ڈوبتی ہُوئی کشتی کے ہم مُسافر تھے
ہمارے ناخُدا کو بھی کِناروں سے چِڑ تھی

---

ڈوبنے سے پہلے کئی بار اُچھالے ہی گئے ہم
پانیوں سے عشق تھا سو ڈوبتے چلے گئے ہم

---

یہ آگ گھر تک ترے نہیں پُہنچی سب اچھا ہے
یُوں سوچتا ہے اگر تُو سب سے بڑا گدھا ہے

---

سب نقش مرے اُس نے عُجلت میں مِٹا ڈالے
رہ پھر بھی گیا باقی کہیں تھوڑا زیادہ میں

---

چراغوں سے ہیں جلا کرتے رہت چراغ نئے
اندھیرے بڑھتے ہی آپس میں گلے ملتے ہیں

---

یہ تو قریں قریں تھمنے کا سِلسلہ نہیں اب
جو جگ ہنسائی ہو گی وُہ تسلّی بخش ہو گی

یہ غم ایسے ہی غلط تو نہیں کرتے ہیں ہم
ساتھ میں انگور کا رس بھی مِلا لیتے ہیں

---

برسوں کا اپنا تعارُف بھی آڑے آتا ہے
ورنہ پردہ کرنے میں وقت ہی کیا لگتا ہے

---

جو سمجھدار تھے وُہ کنارے ہُوئے
جو طرفدار ہیں، ساتھ میں کھڑے ہیں

---

یاد اب کیا کریں گے ہم پہ کبھی
مسخروں نے بھی حکُومت کی تھی

---

دِل قسم کھائے بیٹھا ہے اپنا
تُجھ کو برباد کر کے چھوڑُوں گا

---

کانپتے ہونٹوں سے اُس نے کہہ دی
بات جو دل کو گوارا ہی نہ تھی

ماتِ دِل کو ہُوئی دیکھتے دیکھتے
حُسن پہلی ہی بازی میں دِل لے اُڑا

---

آج سے میں بھی ہُوں تماشائی
ڈُوبتا ہے سفینہ ڈُوبنے دو

---

ہم سا کہاں ملے گا کہ نایاب ہیں بہت
تُم سا تراش لیں گے کہ پتھر نظر میں ہے

---

آج سے میں بھی ہُوں تماشائی
ڈُوبتی ہے جو کشتی ڈُوبنے دو

---

یہ رُوح تک کراہ سی اُٹھتی ہے
کُچھ درد آر پار ہو جاتے ہیں

---

قُفل بھی پڑے ہیں وہ دل پر کہ اب
کوئی کھولنے والا ہی کھولے گا

جن کی ہو خواب تک رسائی
اُن سے دامن چھڑوائیں کیسے

---

آ بدن کو تُو بھی لُوٹ لے
چُھو سکے گا نہ دِل کو مرے

---

یہ تری یاد نقش بن چُکی ہے
یہ ترا دُکھ بھی امر ہو گیا ہے

---

زخم بھی ہیں اور مرہم بھی یہی باتیں پیارے
قصد کیجئے بات کا تو خیر و شر بھی دیکھا کیجئے

---

خُدا کی رسّی ہے دراز دُرست
اُس کے آخر میں ایک پھندا بھی ہے

---

گر سمجھتے ہو پیارے فرق پڑتا کس کو ہے
فرق پڑتا ہے، مٹّی بھی پلید ہوتی ہے

اِس ایک منٹ کی خاموشی کے لئے ہم نے
ہزاروں لکھّے فسانے تھے، کیا جتن کیئے تھے؟

---

یہ دِل اور جی کے بھی کرتا کیا
پتلی گلی دیکھی نکل لیا

---

جتنی آوازیں تُم نے دبا چھوڑی ہیں
روزِ محشر صُور کانوں میں پھُونکیں گی

---

ہمی زِندگی سے ہو ناراض بیٹھے
بھرا تھا کہاں ورنہ پیمانہ اپنا

---

ہم ایسے دام میں آئے ہُوئے لوگ
کھُلی آنکھوں سے بھی کم دیکھتے ہیں

---

کیں پہلے پھُولوں کی ہم نے پتّیاں نچھاور
قدموں میں یار کے پھِر اِس دل کو بچھا ڈالا

وطن کے نام پہ بیوپار کیا گیا
یُوں ہر شے سے ہمیں بیزار کیا گیا

---

روشنی کی بات سے
ہم کو فطری بیر ہے

---

ہیں دیے سارے تو بُجھ گئے دیکھو
پھر بھی ہے روشنی کا یہ گُماں کیوں

---

تُم کو جو درد دینا آ گیا ہے
ہم کو بھی درد سہنا آ گیا ہے

---

یہ بے چاری کسٹم پہ واری ہیں
اور سبھی کو پروین بننا ہے

---

لکیریں پیٹ پیٹ کے یہ ہاتھ رہ گئے
میں ایک مصرعہ بھی نہ چھو سکی بیاض کا

یُوں ختم تیرا میرا یہ ساتھ ہُوا
جیسے دو دل بھی دل سے ملے ہی نہ تھے

---

سوا اس کے نہ ملا اجر کوئی
بچھڑ کے جو ملا وُہ پھر سے بچھڑا

---

جُوں بُجھنے لگی آگ ہم نے ہوا دی
پڑی سرد دل میں جگر میں جلا دی

---

اپنی مرضی کا سچ نشر کرنے والو
جھوٹ بھی ہے شرمندہ آگے تُمہارے

---

دل کو قدموں میں تیرے ڈالا تھا
جاں دے دیتے تو روز مرتا کون

---

جن چراغوں کو ہم نے سند بخشی تھی
آج کہتے ہیں وُہ روشنی ہم سے ہے

ملتا ہُوں اپنوں سے بھی اجنبی بن کے
اب کسی سے میں خفا ہی نہیں ہوتا

---

حُسن وُہ ہو ترے مہمان مچل جائیں
وصل وُہ ہو مرے ارمان نکل جائیں

---

ہم محبت میں جہاں ہارے ہُوئے لوگ
فکرِ سُود و زیاں میں اب نہیں پڑتے

---

ہم محبت میں جہاں ہارے ہُوئے لوگ
دونوں ہاتھوں سے کہو دُنیا لُٹا دیں

---

مار مُکایا غریباں نُوں تے
کول امیراں وی کُکھ نہ رِیا

---

آ ہی گئے دام میں تو پھڑ پھڑاتے ہو کیُوں
اُس پار بھی کھائی ہے، قاتل سی رُسوائی ہے

ہم کو اُس سے بچھڑنے کا غم ہے
کوئی بھی تو جسے غم نہیں ہے

---

منا لیتا ہُوں غم سبھی کا
کس کا ہے ہجر کون جانے ؟

---

جواب سے ہی نکل آئے اب سوال کئی
دلاسہ وُہ دیتے دیتے کیا دے کے چلا

---

پل میں کرچیوں سا بکھر گیا
تھا شباب یا پھر سراب تھا

---

رہے پھر اُنہی کے دل میں زندہ ہم
جو ہم کو ہی بھلائے سے بیٹھے تھے

---

ایک آنچ کی رہ گئی کسر
ورنہ جھوٹ کا بیڑا پار تھا

کبھی ہواؤں سے پُوچھ لینا
بڑے ہی ضِدّی چراغ ہیں ہم

---

نظر کے سامنے تھا وُہ پرُی پیکر
کسے تھی تابِ نظارہ مگر ناظرؔ

---

کون مرتا ہے خُوشی سے
مار دیتی ہے بے حسی

---

ٹُوٹ جائے گا یہ جھوٹ کا حصار دیکھنا
یہ انا پرست دھوکے میں مارے جائیں گے

---

رہزنوں کی کیجئے نہ اب بات فقط
مات یہ فرعون کو بھی دے گئے ہیں

---

رہ گئی بے نتیجہ مری عرض جب
شادی اُس کی کہیں اور طے ہو گئی

لفظوں نے ہم کو چھوڑا نہیں کہیں کا
اپنے کیا، ہم ترے کام سے بھی گئے

---

کس کی دید کو ترسی ہیں یہ آنکھیں
چہرے خُوشنما بھی بھاتے نہیں ہیں

---

بن گیا قیدی کسی پنجرے کا دل جیسے
پہلے سی شوخی نہ پہلی سی رہی نادانی

---

سونے والوں نے تو سپنے دیکھے
جاگنے والوں نے گنے تارے

---

دیکھا ترا بھی تماشا ہم نے
باقی کے فسانے رہنے ہی دے

---

تھی یہ زندگانی جُرم
سزا تا قیامت تھی

سُر تال میں ہے یہ سراپا تیرا
انگڑائیوں سے نغمے پھُوٹتے ہیں

---

سرِ محفل جہاں بھی دیکھو گے
ہمی ہم تُم کو دکھائی دیں گے

---

ہم نے اِک تار کو ہی چھیڑا تھا
آپ نے نغمہ گنگنا ڈالا

---

بدلے ہیں زندگی نے یُوں تو ملبُوس کئی
زندہ رہنا ابھی تک انساں کو آیا نہیں

---

تری خُوش گُمانیوں کے صدقے
ہم بھری بزم میں بھی تنہا ہیں

---

بکھر گیا ہے ہر وہ شخص لازمی
سمیٹنے جو دُوسروں کو چلا تھا

ایک دُنیا شاد تیرے دم سے تھی
اِک جہاں ویراں ترے جانے سے ہے

---

بنائے تھے کُچھ ناداں جو دوست ہم نے
وہ تو دُشمنوں سے بھی کم ظرف نکلے

---

گزارتا ہے زندگی کو کون یاں
سبھی کو زندگی گزار دیتی ہے

---

قرار دھڑکنوں کو آ تو جانے دو
چلے ہی جانا ابھی رات باقی ہے

---

ابھی منجدھار میں ہیں یہ کشتیاں ڈولتی
ابھی موجوں کو کسی ناخُدا کی تلاش ہے

---

میں حسرتوں کے سنگ آسماں تلک گیا
ضرُورتیں مجُھے زمیں پہ کھینچ لائی ہیں

پیچھے مُڑ کے جو دیکھ لیتے ہیں
اُنہیں یہ رستے کھینچ لیتے ہیں

---

رستے پیروں سے لپٹ جائیں تو
منزلیں کھوٹی ہو ہی جاتی ہیں

---

پتھر کہاں ہُوں انساں ہُوں میں
رُلا دے جو آسماں، رو پڑوں گا

---

راکھ کو ہم نے جو ہوا دی ہے
دیکھ لو کیسی آگ بھڑکا دی ہے

---

ایک سپنے سے دُوجے تلک
کی مُسافت ہے یہ زندگی

---

ہر ہی آہٹ پہ لگا ہے یہ کہ تُم ہو
ہر ہی دھڑکن نے ترا نام لیا ہے

صد شکر ہے کہ تُم ہی چلے آئے
ہجر کے مارے ہم مُسکرائے

---

جیتے جی مارنے کے درپے ہیں
آپ اپنی ہی موت سے بے خبر

---

مُنافقت ہے آج کا چلن یہاں
اِدھر جو رہنا ہے تو دوغلا ہی رہ

---

خواب آنکھوں میں سجائے کب تھے
بن بُلائے ہی چلے آئے تھے

---

کب یہ معلوم تھا خواب آنکھوں سے چُرا لو گے
اِک جُرمِ محبت کی ایسی بھی سزا دو گے

---

پھول رکھ کر کتابوں میں دباؤ گے
خواب رکھ کے کہیں تُم بھول جاؤ گے

دِن، مہ و سال منا دیکھے بُہت
باقی عُمر اب تُجھے منانا ہے

---

تری اِن آنکھوں کی اُداسی سے ہم
تُجھے اِک دن چُرا لے جائیں گے

---

جس نے سال کو بدلا ہے
وُہ یہ حال بھی بدلے گا

---

یاں سبھی جانتے ہیں کون کیا ہے؟
یاں سبھی کے سبھی مُنافق ہیں

---

اُسے گنوا کے جینا بے کار تھا
کوئی جُدائی سے پہلے ہی مر گیا

---

ہائے وُہ پھُول جو کھلتے ہی نہیں
ہائے وُہ دِل جو کہ ملتے ہی نہیں

ہاتھ ہونے لگے شل تو یہ احساس ہُوا
دے رہے تھے جہاں دستک وہاں در ہی نہ تھا

---

زندگی سائوں رج کے نچا
گانے پر تھوڑے تے چنگے لا

---

نہ چاند نکلا نہ تُم ہی آئے
یُوں شب کٹی کاٹنے کو آئے

---

اِس دل کے صنم خانے میں صنم
تُم جیسے ہزاروں بستے ہیں

---

بُتوں کو گُماں اور ہونے لگا تھا
چاہت کی ہم نے تھی حد کر دی

---

اپنے قد سے ہی جو کھڑا نہیں
مسخرہ ہے پر رہنُما نہیں

اپنے کلام سا اُجلا نہیں ہے
مسخرہ تو ہے مسیحا نہیں ہے

---

ایک جھونکے سے لرز جاتی ہیں گو شاخیں مری
اپنے قد سے ہُوں کھڑا میں اب بھی سایہ دیتا ہُوں

---

تُجھ کو معلُوم ہے گھر کا رستہ
تو مرا ہاتھ پکڑ ساتھ لے چل

---

ایک جھونکے سے لرز جاتی ہیں شاخیں تری
اپنے قد سے کھڑا ہُوں، اب بھی تُجھ سے بڑا ہُوں

---

بساطِ عشق بھی ہم نے لپیٹ لی
یہ دل رہا پھر بھی گُم کا گُم شُدہ

---

تُم بے گانے کل بھی تھے
اجنبی ہو آج بھی

جبیں قدموں پہ غیر کے رکھ دی تھی
اُسی روز سے بس ہم ہم نہ رہے

---

اِن چراغوں سے تُم دوستی کر لو
آپ جلنے لگیں گے یہ اندھیرے

---

دیوتا نہ سہی بشر ہی رہتا تو بھی کیا
اب کیا ہے وُہ خُود اُسے بھی معلُوم نہیں

---

اپنے ہی ہاتھوں تراشے پتھر کے بھی صنم
یہ چارہ گراں جب چاہیں توڑ بھی دیتے ہیں

---

آنکھیں بُوڑھی ہو ہی جاتی ہیں
پر یہ خواب جواں رہتے ہیں

---

ہمارے دل سے تُمہارے دل تک
بڑی ٹریفک ہے اور کیا ہے

شوقِ سلطانی جب جی کو چُراتا ہے
ایک جاتا ہے تو دُوسرا آتا ہے

---

اُس بُت کا جب فسُوں ٹُوٹے گا
سپنے نہیں دِل بھی ٹُوٹیں گے

---

ہمی تو ہیں جو پانی کے خلاف چلتے ہیں
مزاجاً ہی روانی کے خلاف چلتے ہیں
ہو کردار کوئی بھی نبھا ہی جاتے ہیں
ہمی ہیں جو کہانی کے خلاف چلتے ہیں

---

ابھی تُمہارے ہے ساتھ شادابی موسموں کی
ابھی تمہارے یہ کھیلنے کودنے کے دِن ہیں

---

اب کسے کون فرق پڑتا ہے
میں بھی تو تمہیں مانتا نہیں ہُوں

---

پہلے آپ بھی ہوتے تھے ہم
اب ہم کون ہُوا کرتے ہیں

---

حسینوں کو بھی دو پل چین اب کہاں ناظؔر
کہ حُسن روز ہی اُن سے خراج مانگتا ہے

---

مے خانوں کو بھی حسرت ہی رہی
اُن کی آنکھوں سا نشہ پاتے

---

دامن میں جو تیری خُوشبُو کے بسیرے ہوں
کیا خُوب مُعطّر میرے شام سویرے ہوں

---

ہزار ناتمام حسرتوں کے بوجھ کے تلے
یہ جو دھڑکتا ہی ہے، دل کیا کمال کرتا ہے

---

کیوں شیخ کو بھی تم لے آئے ہو بیچ میں
تھوڑا سا تو بھرم رہنے دو غریب کا

موت بھی نہ آتی اِنہیں اگر
تو یہ لوگ دھرتی پہ بوجھ تھے

---

تُمھارے دُکھ کا مداوا ہو بھی تو کیسے ہو
تُمھارے قافلے کا رہنُما ہی رہزن ہے

---

سیدھی سادی سی نیت کی بات تھی
کوئی اُس در سے بھی بے نوا مُڑا

---

سبھی بکھرے ہُوئے خوابوں کی کرچیاں چُن لاؤ
دِل سے لگا لیں گے ، ہم پلکوں پہ سجا لیں گے

---

ہو عید کا ہی جشن اور پاس اپنے یار ہو
ہو چاہتوں کی عیدی اور پیار آر پار ہو

---

ابھی خوابوں کو یہ بھولی کہاں آنکھیں
اب بھی نیندوں میں بھٹکتی ہیں یہ آنکھیں

میں چاہتا تھا پلٹ کے جاؤں اِک بار تو
لوٹا وہاں تو ٹھکانہ تھا نہ دہلیز تھی

---

جہاں سب کچھ دُھندلا جاتا ہے
ماں کا آنچل رستہ دکھاتا ہے

---

جہاں پاؤں لڑکھڑا جاتا ہے
ماں کا آنچل رستہ دکھاتا ہے

---

جہاں عالم ڈگمگا جاتا ہے
ماں کا آنچل رستہ دکھاتا ہے

---

ترے مرمریں تن تک جو پہنچیں
تو سانسیں بھی اپنی گلاب ہُوئیں

---

اُس نے ہنس کے کہہ چھوڑی
بات جو تھی رونے کی

رنگ سارے اُسی کے نام کے تھے
چُن لئے جو بھی غُنچے کام کے تھے

---

اپنے دُکھ لکھ سکتا ہُوں میں
یہ بھی بڑی ہی سہُولت ہے
کہنے کو جو بھلا بھی دی ہے
اب بھی ستاتی محبت ہے

---

کہنے کو یہ ساری دُنیا ہی عجُوبوں سے بھری ہے
قطرے تک کی بھی انا اکثر سمُندر سے بڑی ہے

---

نگاہِ یار میں جچتا نہیں ہر ایک
یاں آئینے بھی اکثر دھوکہ دیتے ہیں

---

آیا نہ راس اُس کو گہرے پانیوں کا سفر
بس چار ہی کوس اور پھر ریت ہی ریت تھی

---

دم ہے تو آ کھیلتے ہیں آخری بازی
جو نہیں ہے حوصلہ تو ایسے ہی جی لے

---

ہمی نے کھیل میں جس کو ابھی ابھی اُتارا ہے
وہی تو ہار کے بھی جیتا، جیت کر بھی ہارا ہے

---

باطل کا سارا غرُور وُہ خاک میں ایسے ملا گیا
آزادی ہوتی ہے کیا آزادوں کو بھی سمجھا گیا

---

تُو نے رٹا ہُوا ہے سبق سارا
میں یہ دماغ بھی چلا لیتا ہُوں

---

تیرے اِقرار سے مر ہی جائیں
ترے اِنکار کے مارے ہُوئے ہم

---

ابھی شرُوع یہ کہانی ہے ہُوئی ختم کہاں
ابھی تو پھُول کھلنے ہیں، ابھی بہار آنی ہے

ہر بار یُوں ہم سے کنارے چھینے تُم نے بھی
ہر بار لبِ ساحل ہمیں دھوکہ ہی ملا

---

ابھی ہے مہنگائی زوروں پہ بس تُو گزارہ کر
کُچھ بھی تو سستا نہیں یہاں لیڈروں کے ہی سِوا

---

جیون کے بکھیڑوں سے جو کبھی فُرصت ملی
تو کسی دن تیرے ہجر کو بھی رو لیں گے ہم

---

نیندوں میں کھو جتی رہتی ہیں یہ آنکھیں
سپنے جو جاگتی آنکھوں نے دیکھے تھے

---

خُوشی کی چاہت میں گئے اپنے غم سے بھی ہم
نہ یہ دولت مل سکی اور نہ وُہ دولت ہی رہی

---

اِک الاؤ کے ساتھ دہکتا میں رہا
بجھی جو آگ تو راکھ میں بھی ہو چکا تھا

ہو چاک جو گریباں تو کرتے ہو رفُو تُم
سی کے دکھاؤ یہ زخم دل کے تو مان جائیں

---

جو خریدنا چاہُوں تو یہ دُنیا خرید لُوں میں
جو بیچنا چاہُوں تو خُود کو لا کر بیچ دُوں میں

---

جہاں کی ہر شے کو بس چلنا ہے دائروں میں
جینا ہے دائروں میں، مرنا ہے دائروں میں

---

دِل گرفتہ ہیں ترے دیوانے آج
دھڑکنوں کی تال پر آ رقص کر

---

پاس ہو کے بھی کتنا دُور ہے کوئی
اپنے ہی آپ میں مخمور ہے کوئی

---

تُو گلبدن سہی مگر یہ جان لے
ہیں چاک سے اُترتے شاہکار ابھی

وُہ اپنے پُورے قد سے سرِ محفل کھڑا تھا
بونوں کو مگر دن میں بھی دکھائی تک نہ دیا

---

خاک ہونے والوں کو کیا پتہ
خاک اُٹھی تھی کیُوں، ڈھائی کس لئے؟

---

مانا جلے ہم بھی ہیں ترے غم میں روز و شب
پر اِک دُھواں سا ترے بھی دل سے اُٹھتا ہوگا

---

شِدّتِ غم نے جو اِکبار بھی رونے نہ دیا
لوگ سمجھے کہ جدائی ہمیں کھلتی ہی نہیں

---

کبھی مہکا کیا تھا جو آنگن میں مرے روز و شب
وہی پھُول کسی اور کے چمن میں کھلا ہے

---

شب چاند اُتر کے آیا جو آنگن میں میرے
من کے مندر میں چار سُو روشنی کر کے گیا

تُمھی نے ہے بے کل کیا تُمھی قرار دو گے
اور کتنا تڑپاؤ گے ہمیں کیا یُونہی مار دو گے

---

اِک زُلف نے ہمیں کہاں لا چھوڑا
تارے ہمیں بھی دِن میں دکھا ڈالے

---

تُم کم نصیبوں کو تو کفن بھی نہ ہو نصیب
تُم نے ہی حق ہے مار کے کھایا غریب کا

---

روتے دل سے بھی ہنسنا ہو گا
اس شہرِ بے مہر میں بسنا ہو گا

---

سمو کر دریا سی روانی کو
قطرے قطرے کو ترسنا ہو گا
یُوں گرجتے رہو گے کب تک تُم؟
اب کے تُمھیں بھی برسنا ہو گا
روتے دل سے بھی ہنسنا ہو گا
اس شہرِ بے مہر میں بسنا ہو گا

خُوشبوؤں کے حصار میں لپٹی نازُک سی کلی تھی
اپنے بابل کے آنگن میں وُہ شہزادیوں سی پلی تھی
چھین جھپٹ کے لے ہی گئی آنچل اُس کا دیکھتے ہی
ظلمتوں کی تھی خُوب جو کالی گھٹا ایک دن چلی تھی
اُن اپنوں نے اُس کی قسمت میں اندھیرے لکھے تھے ناظؔر
جن کی روشنی کی خاطر، وُہ دیپ کے جیسی ہی جلی تھی

---

خُوشی مانگتے ہیں لوغم کے عوِض
یہ دیوانے بھی کتنے ناوان ہیں

---

کتنی یہ بکریوں کے ارمانوں کا قاتل ہے میرا بکرا
برسوں کی میری کمائی کا ہی حاصل ہے میرا بکرا
کل کو یہ یہیں داغِ مفارقت دے کے جائے گا مجھے
ہو کہ نہ ہو، اپنے انجام سے غافل ہے میرا بکرا

---

میری مُسافتوں کے یہ ہمراز فاصلے
میرے سفر پہ سنگ چلے تھے جو قافلے
منزل کی چاہ میں پڑے پاؤں کے آبلے
میری بھی ہار جیت کے سارے یہ سلسلے
میرا پتہ دیں گے، مرے تک پُہنچا ہی دیں گے

---

فون کی ہر گھنٹی بجنے سے
دروازے کی ہر دستک تک
اِن قدموں کی ہر ہر چاپ اور
آوارہ ہوا کا ہر جھونکا
چائے کی ہر دُوجی پیالی
تیرے گُماں ہی سب سارے ہیں
جب سے ہم یہ دل ہارے ہیں

---

تا دیر دیتی رہیں منزلیں بھی جس کو صدا
وہ شخص تو ترے ہی نقشِ پا کی کھوج میں تھا

---

آؤ دھر دیں اِسی لاچار پہ الزام سبھی
کہ محبت کبھی تردید نہیں کرتی ہے

---

یُوں کر کر کے نظر انداز تُم مُجھ کو جو تھک جاؤ
تو میرا ہی کوئی بھی شعر اپنے نام کر لینا

---

دم ہی نہیں مارتے ہم ڈاڈے کے آگے کبھی
کمزوروں کے لئے ہیں بپھرے ہُوئے شیر سبھی

---

لاکھ بہلا لو تُم دل کو اپنے
ہم سا دلدار کب پھر ملے گا

---

کیسا پانیوں سا شور اُٹھا میرے اندر ہے
ہر ہر اشک قطرہ قطرہ بنا سمُندر ہے

---

ہم دِل کا تھے قرار جن آنکھوں کی ٹھنڈک تھے
آج وُہ دِل ہرجائی ہے، آنکھیں تماشائی ہیں

ہمی سے جو رُوٹھے وہ بیٹھے ہیں اب
گماں ہے رقیبوں کی چاندی ہو گی

---

اُداس لوگوں کی بستی ہے ٹھہری یہ ناظؔر
کوئی ندا یہاں بھُولے سے بھی نہیں آتی

---

ان اکھیوں نے یُوں خواب تُمہارے دیکھے تھے
ڈُوبتے جیسے کسی نے کنارے دیکھے تھے

---

کتابِ زیست کے سب سارے پنّے کورے پھر سے ہیں
کہیں کہیں پہ تیرے نام کی سیاہی باقی ہے

---

اِک ترا ساتھ ہی تھا غنیمت
ساری اب دُنیا کی چاہ کب تھی

---

جُنوں کی سلطنت پہ راج اب ہے
دشت بھی اپنا ہے، گریباں بھی

ملی جو خُوشی تو کئی درد بھی ساتھ آئے
پہلے رو دیے ہم پھر جا کے ہنس پائے

---

سفر تو ہُوا تمام اور یُوں ہُوا تمام
پسِ آئینہ بھی مُنتظر اِک سراب تھا

---

اِس مرحم کی جا نمک ہی رکھتے آپ
زخم ھمارے تو ترستے رہ گئے

---

کون کرے کس دِل سے محبت بتلاؤ
ایک ہی دِل تھا پہلے پیار کے نام کیا

---

جس کو سمجھا تھا مسیحا ہم نے وُہ تو چور نکلا
وُہ بھی تھا کُچھ اور نکلا یہ بھی ہے کُچھ اور نکلا

---

ہم درد کی پہن کر پازیب خُوب ناچے
سب اشک موڑ ڈالے، پھر گھُنگرُو توڑ ڈالے

ٹھانی ہی نہیں تُجھ کو پانے کی دل نے
شاید دل نے ابھی دل کی ہی نہیں مانی

---

ہم کو بھی یہ درد اپنے تھے عزیز
لوٹ جانے کی اُسے بھی جلدی تھی

---

تیری شباہتوں میں بھی تو عکس میرا ہے
یہ تیرے جو نقوش ہیں نقشِ پا ہی تو ہیں

---

اندھیروں کو اب کوئی خطرہ نہیں
چراغوں نے ہی آنکھیں مُوندھ لی ہیں

---

رات بھر جلتے رہے یادوں کے چراغ
صُبح تک روشن مری تنہائی رہی

---

ہم ٹھہرے چراغوں کے قبیلے سے ناظرؔ
ہم کو تو آتا ہے فقط روشنی کرنا

اب رشک آتا ہے ہمیں خُود حیرت ہوتی ہے
کیا سطحی سے لوگوں کو ہم نے کبھی عزّت دی تھی

---

ہو کیسا رنج اپنی تشنہ کامی کا مُجھے
پیروں میں سمیٹے دریا لوگ پیاسے ہیں

---

کیا ہی دریدہ دہن لوگ تھے
کیا عالی ذہنوں کو یہ کھا گئے

---

سائباں جن کے سروں پہ نہیں
باپ کی قدر وہ جانتے ہیں

---

روتا ہے بادشاہ اب زار و قطار
ایک شاہی تھی وہ بھی جاتی رہی

---

دِل کو بھی نامِ کی ترے حسرت عزیز تھی
رختِ سفر ہی مُجھ کو بھی تو ساتھ رکھنا تھا

کبھی جو تُجھ سے ملُوں میں تو پھر سبھی کہہ دُوں
ترے بغیر جو گوری ہے بس گُزاری ہے

---

کیا خبر کِس نے چھان رکھّی ہے خاک کتنی
گریباں تو چاک چاک ہے مجنوں کا ازل سے

---

منزلیں تھی پڑی پاؤں میں میرے
جن کو ڈُھونڈا میں نے اِس جہاں میں تھا

میرے دل پہ کوئی آسیب مُسلّط ہے
میرے دل سے ترا سایہ بھی نہیں جاتا

---

دو گھڑی کو بیٹھے تھے یار کے پہلُو میں ہم
دو گھڑی کو ہی سہی شمع پروانے کی تھی

---

آ بھی جائے گر اِن حسرتوں کو قرار
زندگی سے یہ رنگینی جاتی رہے

جو حسرتیں بھی جاں لیوا روگ بن گئی تھیں
اُنہی تو حسرتوں کو میں نے پھر جلا ڈالا

---

تُم اندھیروں کے ہو سوداگر
میں روشنی دیکھ کے چلتا ہُوں

---

بے ثباتی کا عالم میں کیجئے بھی تو کیا
کتنی عُجلت میں بدل جاتے ہیں لوگ یہاں

---

چھوڑ رکھا تھا جو کُچھ بھی مُقدّر پر میں نے
دھیرے دھیرے اب خُود ہی نمٹا رہا ہُوں

---

رنج میں تیرے کُچھ کمی تو ہے
آنکھ میں اب تک نمی تو ہے

---

تُو مُقدّر سے اگر مل بھی جائے مُجھے تو
اپنی تدبیر سے تُجھ کو میں دُوں گا گنوا ہی

دل ہے یہ ہمارا کوئی توشہ خانہ تو نہیں
یاں رعایتی زخموں پہ کچھ بھی تلاش نہ کیجئے گا

---

لگ ہی گئے ہیں تیرے ہاتھ تو قدر تو کر
ہم وہ ہیں جنہیں لوگ دُعاؤں میں مانگتے ہیں

---

چراغ آخری تھا سو جلتا رہا میں
دیے اور بھی تھے مگر بُجھ گئے تھے

---

مُمکن ہی نہیں تیری کمی کا ازالہ ہو پائے
جو تُجھ سا کوئی ہوتا تو تیری بھی جگہ لیتا

---

اُس نے چُوڑیاں مانگی تھیں
میں نے پھُول بھی بھیجے تھے

---

اِس ازل اور ابد میں ہُوں مُعلّق کہیں تو میں
مری منزل کہاں ہے خُود مُجھے معلوم نہیں ہے

یہی پنچھی جو تھک کے گرا ہے ابھی
کسی روز تو آسماں کو چھو لے گا

---

مل رہا تھا عدل سرِ دار جب
ہم سے نہ زنجیر ہلائی گئی

---

رونے والی بات پہ بھی ہم لوگ تو ہنستے رہتے تھے
پھر جا کے شاید عُمروں کا رونا نسلوں کا نصیب ہُوا

---

رونے والی بات پہ بھی ہم لوگ ہنسا ہی کرتے تھے
پھر جا کے شاید عُمروں کا رونا نسلوں کا نصیب ہُوا

---

اِک تیرے فسانے میں ہم نہ ہوں گے
سبھی ہو گا، ہمارے غم نہ ہوں گے

---

ہو جہاں ہر دُوجا ہی مُنافق
واں سچ کی پاداش بڑی ہے

کاغذ کی ناؤ میں سمندروں کا ہے سفر
ساتھی کوئی نہیں، زادِ راہ ندارد ہے

---

زندگی کیا ہے ایک جُوا ہے
کھیلا کھیلا، نہ کھیلا تو بھی کھیلا

---

کر لے زندگی گر مذاق بھی
میں بُرا نہیں مانتا ہُوں اب

---

چاند ستاروں نے تُجھی سے ہے چمکنا سیکھا
تیرے ہی جمال کا عکس یہ سارا چمن ہے

---

کیا کیا ستم کہ تُو نے ہمیں ہی بھلا دیا
دِل تھا جو نام تیرے اُسے بھی رُلا دیا

---

خُوب دی داد اُسے ہم نے جو
اُس نے بھی پھر تیا پانچہ کیا

خیال میرا ہے، خال تیرا ہے
کلام میرا ہے، سرقہ تیرا ہے

---

تیری محفل میں جب ستمگر
ہم نہ آئے تو کون آیا

---

کیسا ہو رنج اپنی تشنہ کامی کا مُجھے
ہیں لبِ دریا ہی جو کھڑے وُہ بھی پیاسے ہیں

---

رب نے بھی تو کیا کیا بنا کے چھوڑا ہے
جتنا بھی یہ دو آنکھیں دیکھیں تھوڑا ہے

---

ہم جو چراغوں سے لو لینے آئے تھے
ہم کو تیرگی کے سِوا کُچھ بھی نہ ملا

---

لفظوں کے ہیں کئی پیوند لگا دیکھے
اپنی محبت پھر بھی چاک گریباں ہے

رُوٹھا ہے جو دلبر تو یہ عالم ہے
ہے زمیں پیروں تلے ہی نہ سر پر آسماں ہے

---

اپنے ہی پیماں سے مُنکر جو گئے
کب اُنھیں زیبا تھا کیا کر گئے

---

اُس شوخ کی شاخِ بدن کیا لہرائی
بھنورے تو لپکے ، کلیوں نے لی انگڑائی

---

ابھی سے جنّت کے خواب میاں جی
واں باقی ہے کُچھ حساب میاں جی

---

وُہ تکتے ہیں آئینے کو
آئینہ اُنھیں تکتا ہے

---

میرے پاس کیا نہیں ہے
جو بھی ہے اُس کی امانت ہے

پہلے تھے شب و روز مرے
اب روشن چودہ طبق بھی ہیں

---

دُکھ بھی یہیں ساتھ میں رکھے تھے کہیں
ہو نہ ہو یہ رختِ سفر میرا نہیں

---

شاعری ہے نشہ شعر چھلکتے ہُوئے پیمانے
ہو جس کو بھی طلب میرے مے کدے کو آئے

---

تُو نے رکھا ہی نہیں اپنی محبت کا بھی بھرم ورنہ
ہماری یہ پریم کہانی بھی لازوال کہانیوں میں ہوتی

---

تیری بزم سے تو چلے آئے تھے پروانے
اس دلِ نارسا کو وہیں جلتا چھوڑ آئے تھے

---

یہ غم بھی دیکھنے کی شے تو نہیں مگر
کیُوں بستی کا ہے ہر چہرہ سوگوار سا؟

ہائے ترا ایٹی چیوڈ
اتنا نخرہ جھیلے گا کون؟؟

---

کہنے کو یہ شہرِ تمنا بھی ہے خُوب مگر
میں تو خوابوں کے نگر کا ہُوں شہزادہ

---

یہ دِل کی ہے مات پیارے سمجھا
یہ بازی پھر سے نہیں کھیلی جاتی

---

اِک تیرے آ جانے سے جو کُچھ بندھی تھی
وہ ڈھارس بھی آج دھڑام سے ڈھے گئی ہے

---

بے دھیانی میں دے بیٹھے ہو دِل شاید
مانگو گے بھی تو واپس نہیں دینگے

---

دے دیا تھا جب ھمی نے اُس غارت گر کو
ٹُوٹا ہے دِل تو اُس سے گلہ اب کون کرے

چاند اپنے محور سے نکل کر آیا ہے
دیکھو تو سہی چاند مرے گھر آیا ہے

---

یہ اپنے بھی شاید دوست نہیں
دُشمن جہاں کو بنا لیتے ہیں

---

جس کو اپنا مانا جسے اپنا سمجھا میں نے
مُجھے چھوڑ کے جانے میں اُسی نے عجلت برتی

---

دِل پر جو انگارے دھرے ہیں
دے کے ہوا سُلگاتا ہے کوئی

---

میں دیکھ لیتا ہُوں اِدھر اُدھر بھی
یہ حُسن ہر جا بکھرا پڑا ہے

---

جو بچا سکتے تھے تیرگی سے ہمیں
شبستاں اپنے سجا گئے

اب تو بجھوا دیے جاتے ہیں برقی پھول
چاہت کا اظہار بھی اب نقلی ہی ہوا

---

بچا سکتے تھے تیرگی سے گھر جو
دیے اپنے اپنے اُٹھا گئے

---

تُمہاری آنکھوں کے کچّے پکّے ادھورے سپنے
فقط تُمہارے ہیں کوئی مانگے بھی تو نہ دینا

---

حرص، ہوس، کینہ، خُود غرضی
آپ جناب نے حد ہی کر دی

---

میں ہُوں کہ تُو بڑا ہے فن کار
فیصلہ کاری گری کرے گی

---

انہی مہکتے پھُولوں کی تازگی کی قسم
سدا ہی اس چمن میں بہار تو رہے گی

شاعر نہیں جو وُہ بڑے شاعر ہیں
ماہر نہیں جو وُہ بڑے ماہر ہیں

---

مدّت ہُوئی دِل میں جلا نہیں کوئی چراغ نیا
کوئی آیا نہیں، کوئی من کو بھایا ہی نہیں

---

ایک قندیل ہے باقی ابھی بھی
میں اندھیرا نہیں ہونے دُوں گا

---

مَیں تماشا بنُوں اور تماشائی تُو
کھیل اچھا ہے پر اب نہیں کھیلنا

---

میں نے خُوشبُو کو صدا دی
پھُول دوڑے سب چلے آئے

---

میں نے خُوشیوں کو دی صدا
غم دوڑے سارے چلے آئے

دِل ہے تو دھڑکے گا سبھی عام سی تو ہے بات پر
خاص تو وہ ہے دیکھتے ہی جسے یہ اُچھل پڑے

---

تیرے ظرف سے کُچھ نہ ملا تو
دِل نے آخری فیصلہ دیا

---

اب اِتنا بھی نہ تُو رکھ درمیاں ہمارے خلا
کہ بدگمانی یہ بیچ میں سما جائے

---

اِس نئے کیلنڈر میں تُجھ کو
سوچتے رہنے سے بھی ہم باز آئے

---

بساط جو پلٹی ہے تو بازی پلٹے گی
خلق ہی تو کہے گی اب خلق ہی تو سُنے گی

---

دِل کی بساط پر وہ عجب چال چل گیا
آنکھوں میں بس گیا مرے سپنوں میں ڈھل گیا

بساط وہ ہی رہی مُہرے بس بدلتے رہے
پیادے تک خُود کو بادشاہ سمجھتے رہے

---

یہ ترا کانچ سا پیکر چھوتا بھی تو کیسے میں
اِک تو میں عاشق تھا وہ بھی سچّا عاشق

---

آپ بنائی ہے یہ تصویر مری مرضی ہے
اِسمیں تیرا حُسن جو دِکھتا ہے فرضی ہے

---

مل گئے تُم سے ھماری قسمت تھی
کیا الگ جس نے وقت ہی تو تھا

---

بھٹکتے خوابوں کو نہ ملا در کوئی
تو سب مری دو آنکھوں میں سما گئے

---

کسی کم ظرف کو نہیں توفیق
کہ وہ ھماری خُوشی میں بھی خُوش ہو

اب بھی نہ نکلا تو کون مانے گا سُورج تُجھے ؟
جبر کی کالی ہے رات اور جاں لیوا بھی ہے

---

مُڑ کے دیکھا تو سب فسانے تھے
تھے فریب ایسے سب نے مانے تھے

---

پیروں کے نِشان تک مٹا دیے
لپیٹ کر یُوں رستہ تُم چلے گئے

---

آنچل کو ترے تاروں سے بھر دُوں
آ تُجھے دِل کی پناہوں میں لے لُوں

---

ہُوئے جو ہجر میں گوشہ نشیں تیرے
سبھی کلیوں پہ شباب آگیا جاناں

---

اِک تُم سے یہ محبت ہی بار بار کی ہے
جب بھی کی ہے بے حد کی بے اِختیار کی ہے

اِسی حُسن کو جس نے کئی دِل روند ہی ڈالے ہیں
حالات کی گردشوں میں کبھی ڈُھونڈتی تُو پھرے گی

---

بہتی گنگا میں بھی دھوئے تو کیا
ہاتھ تو پھر ہاتھ تھے اور ساتھ تھے

---

ہمیں ورثے میں بھوک ملی تھی
ھم نے ترکے میں ننگ چھوڑا ہے

---

جاننا چاہتے ہو تو کسی درویش سے پُوچھو
ہم سے گنہگاروں کا جہاں میں مقام کیا ہے؟

---

کوئی تو کرے بات مُجھ سے کبھی
کسی کو تو ہرگز نہیں بولُوں میں

---

اِنہی لفظوں کے بنا ڈالے میں نے محل ناظرؔ
اور یُوں ساری دُنیا کے امیروں کی ہمسری کی

مِلا بھی تو مُجھی سے وہ جو کترا کے گزر گیا
مری دُعا ہے بے وفا جہاں بھی جائے خُوش رہے

---

دوستی پر تری تھا ناز ہمیں بھی
تیرے اب نام سے نفرت ہو گئی ہے

---

تُجھ کو گنوا کے بھی جینا پڑا تھا
زندگی اور ہمیں کیا سزا دیتی

---

ہمی کو تھا جنوں چارہ گری کا
ہمی پھر سو بار تھے پچھتائے

---

دے گئی زندگی ہم کو کتنے فریب
اور حد کر دی ہم نے بھی سادگی کی

---

رات کو رات کہا یہ ھماری بھی غلطی تھی
دن جو بول ہی دیتے تو رشکِ جہاں ہوتے

شجر سے لپٹ گئے یہی کہتے پتے سبھی
ہوا کو نہیں ہے حق کہ ہم کو یوں جدا کرے

---

راہگزر تو وہی ہے لیکن
سب رستے سُنسان پڑے ہیں

---

جس دل میں خزاؤں کا ہے ڈیرہ
وُہ تخت بہار کے لئے تھا

---

نام وُہ بھی تو آئے روز بدلتا رہا
ہر اِک نام سے میں بھی پُکارتا چلا گیا

---

دِل کے نہاں خانوں میں ہزاروں ہی ہیں نقوش
ہر ہر نقش تری تصویر کے جیسا ہے

---

اِک پری ہے اور اِک عفریت ہے
ہے پری بے زار تو جن ہے بضد

لمحوں میں یہ تو صدیوں کا پیار مانگے ہے
دل کب سے وقت سے ہی اِنکار مانگے ہے

---

یُوں نہ عُجلت میں ماریے سبھی کو
ایک دن آپ بھی فنا ہوں گے

---

سُخن بھی ہے نعمت شعر کی یہ پرکھ بھی ہے
ہو جس کو عطا یہ دسترس با کمال ہو

---

کیا بے چہرگی ہے عیاں چہروں کو بھی دیکھئے
ملامتوں کے سنگ ہی خُوشامدیں بھی کندہ ہیں

---

یہ جو ہے پیاس ھماری ہے ست رنگی کہ جس کو
پڑے کم دریا بھی تو کبھی قطرہ بُہت ہو

---

کوئی اپنے ہاتھ بچھا دیتا تھا رستوں میں
پاؤں جب جب جلیں گے تو یاد وُہ آئے گا

مدہوش نشہ ہو جادُو سا ہو خُمار
جیسے کہ شراب اِک پُرانی ہو تم

---

ہم نے ہیں توڑے ایسے سحر کتنے
یہ جال اپنا تُم بھی پھینک دیکھو

---

زندگی تُو بھی خُوش رنگ بڑی ہے
دُکھ جہاں کے بھی ہیں بے کراں لیکن

---

یہ چند کلیاں نشاط کی ہیں اور ہم بھی ہیں
غم ہیں تو کیا ہے زیادہ ہیں تو کم بھی ہیں

---

ساقیا تیرے اِس مے کدے میں ہم تشنہ لب
پینے کو ہی نہیں جینے کو چلے آتے ہیں

---

ترے اِس شبستاں کی ہو خیر یارا
ہمارا کیا ہے کہیں بھی سو لیں گے

اپنی محبت یوں ہم نے ہار دی آخر
اُس کی انا اُس کے مُنہ پہ مار دی آخر

---

شُعلہ یہ کس نے بھڑکا دیا ہے
پھیلتا جاتا ہے دُھواں دل میں

---

ہو اب تری ہی وفا سے گِلہ کیا مُجھ کو
کیا ہی اچھے بھی دِن اِس نے تھے دِکھائے کبھی

---

زرد اِن پتوں کی حُرمت بھی تو ہے قرض اِک چارہ گراں
آئے عدم سے ہی جو وجُود میں اور بقا کو پھر فنا ہُوئے

---

آنکھوں میں نہیں دل میں رہا کر
گھر یہ بھی تو خالی کب سے ہے

---

یہ دِل بھی تو بستا ہے نہ اُجڑتا ہے
جاؤں جہاں بھی ساتھ مرے چلتا ہے

تیری یادوں سے بھی چلا جاؤں نہیں ممکن
دِل میں جو رہوں گا تو یاد میں آؤں گا

---

تُجھ پہ لازم ہے ہم سے رِندوں کو
حُسن کا دے خراج، دے ابھی آج

---

لے لیجئے بدلے میں دِل کے
بازار میں یہ دِل آخری ہے

---

اُس کی تھی ضِد تنہا چلے گا
کہہ دیا میں نے بھٹکا رہے گا
ہے دغا کیا وُہ جانتا کب تھا
دھوکے کو دُنیا کے مانتا کب تھا
آج ہے روتا وُہ میری وفا کو
اور میں بے بس ہُوں ہار گیا ہُوں

---

جسم و جاں سے ہو کے وُہ رُوح میں اُتر گیا
مُجھ میں جینے آیا تھا جو مجھی میں مر گیا
خُود کو سمجھا تھا کہ ہُوں دسترس میں کب بھلا
کون آیا چپکے سے، مُجھ کو سر جو کر گیا

---

یہ صدیوں کی مُنافقتوں کا ہے پھل پیارے
دھیرے سے اِسے چکھ تو جلدی بھی کیا ہے

---

یہ صدیوں کی خباثتوں کا ہے پھل پیارے
دھیرے سے اِسے چکھ تو جلدی بھی کیا ہے

---

اے دِل تھوڑا تو صبر بھی کر
ابھی اور دھکّے لگنے ہیں تُجھے

---

اور زیادہ تو ہم سے کُچھ نہیں ہوتا
دیکھنے پر ہی اُن کو اِکتفا اب ہے

---

ہم نے بھی دیکھتے ہی کُچھ بھی نہ دیکھا
اُس نے بھی بچّوں کو آواز لگا دی

---

کوئی بھی رنجش اب تو نہیں ہے
سیدھی سیدھی سی دُشمنی ہے

---

رنگِ حِنا سے بندِ قبا تک
جلوے ہی جلوے بکھرے ہیں

---

رنگِ حِنا سے بندِ قبا تک
تابِ نظارہ کس کو ہے

---

ٹھہرو دے رہے ہو یہ آواز کن بلاؤں کو تُم
روشنی کو ترسو گے پھر کوستے ہواؤں کو تُم

---

خوابوں کے دھوکے میں رکھو
یہ آنکھیں بہلی رہیں گی

تنہا ہے چاند یہ دل بھی اکیلا ہے
رات سُونی ہے، یادوں کا ہی میلہ ہے

---

ہم نے دیکھ رکھا ہے حُسن کا یہ بانکپن
خُوشبُو کے اسیر ہیں اپنی حد میں رہتے ہیں

---

ایک جھونکے کو ترس جائیں گی شاخیں تری
اِن ہواؤں سے عداوت اچھی تو نہیں ہے

---

اُسی کے پیچھے تو ہم بھی بھاگے تھے
جو اِک سراب تھا، خانہ خراب تھا

---

یہ معاملہ دل کا تھا جاناں
سو ہم نے تُجھ کو معاف کیا

---

نہیں کُچھ بھی رنج ہمیں ہم تُم سے وداع ہُوئے
بولے تھے خُدا کے جو لہجے میں خُود رُسوا ہُوئے

شاخ سے ہی اُسے توڑا بھی نہ گیا
پھُول ہم سے وہیں چھوڑا بھی نہ گیا

---

شام ڈھلے کبھی تُم بھی آنا
دِل کے دریچوں میں روشنی کرنے

---

شاخوں سے پھُولوں کو جب بھی ناحق توڑا گیا
اُن کو روندا گیا، مسلا گیا، بھنبھوڑا گیا

---

پہلے تو یہ دِل مچلا بہت اپنے پہلو میں
پر دیکھ کے پھر اُس بُت کو ہم بھی غیر ہُوئے

---

جھُوٹے اِن من گھڑت فسانوں میں
حسبِ ذائقہ محبت ہے

---

عِشق تو ہے وُہ واحد خطا کہ جناب
اجر کا جس کے کوئی حساب نہیں

ایک چہرے پر ہی چڑھے ہیں اِدھر نقاب کئی
ایک تُم اُتارو گے تو دُوسرا فریب دے گا

---

دیکھ کر آج رو پڑا اُس کو
جس کے دم پر میں تو جیا تھا کبھی

---

دیکھ کر آج اُس کو مر گیا میں
جس کے دم پر میں تو جیا تھا کبھی

---

اور بزمِ جہاں میں تو کُچھ بھی نہ تھا
میں تھا اور ساتھ میری یہ تنہائی تھی

---

اِس دل کو میں سمجھاؤں بھی تو کیسے
یہ میرے کہاں اُس کے ہاں رہتا ہے

---

یار کے شہر میں ہم جہاں سے بھی گُزرے تھے
اپنے ہی دل کے ٹکڑے بکھرے پڑے تھے

سو فقیروں کا بھی دِل اِکبار تو آ ہی گیا
ظالم مے کدے کا مے کدہ ہی لئے پھرتا ہے

---

ہم نے پایا تھا جو نصیبہ
اُسمیں زندگی مہنگی بڑی تھی

---

وصل کے جھانسے میں اپنا ہجر بھی جاتا رہا
چکّر وُہ دیتا گیا اور دھوکہ میں کھاتا رہا

---

زندگی ہے، جینے کا خراج تو مانگے گی
اصل چُکا بھی دو گے بیاج تو مانگے گی

---

یہ زندگی اپنی تکلُّف کی ہُوئی نذر یُونہی
اتنا ہی تو کہنا تھا مُجھے تُم سے محبت ہے

---

جب آئے تھے وُہ رشکِ جہاں تھے
اب جا رہے ہیں جو لوٹے ہیں

تھا رائی کا ہی تو پہاڑ ہٹ گیا
وہ پانی کا تھا بُلبلہ جو پھٹ گیا

---

میں جس کو سمجھا تھا آسماں ہی
وہ ایک تارہ بھی تو نہ نکلا

---

بندہ پرور ہُو بہُو بولتا ہُوں میں زُبان
جس کو سمجھنے کا آپکو تو بس دعوٰی ہے

---

ہزار ناتمام حسرتوں کے بوجھ کے تلے
جبھی دھڑکتا ہے یہ دِل کیا کمال کرتا ہے

---

کوئی گردِ سفر میں الجھا رہا
تو کسی نے رستے خرید لئے

---

سفر کی گرد میں اُلجھ گیا کوئی
کسی کو منزلوں نے بھٹکا بھی دیا

خالی ہاتھ آنا ہے خالی جانا ہے
پھر یہ تیری میری کی تکرار کیوں

---

بے مہر اُس دیار سے یوں ہم اُٹھے تو کیا
رقیب بھی واں سے گیا تو خالی ہاتھ تھا

---

مت چھیڑو دلِ وحشی کو کہ اِس میں
گرتا ہے غم آج آبشاروں جیسا

---

اور دلِ وحشی میں رکھا کیا ہے
موج در موج درد بہتا ہے

---

کیوں دل کی تلاشی ہو لیتے
اِس میں اب رہتا نہیں کوئی

---

پیشِ آئینہ بھی تُو پسِ آئینہ بھی تُو ہے
جمال ہے تیرا کہ قدرت کا یہ نگینہ ہے

یہ بجلیاں گرتی نہیں ہیں گرائی جاتی ہیں
یہ ارتھیاں اُٹھتی نہیں ہیں اُٹھائی جاتی ہیں

---

دیکھ لیا تجھے اِن دو آنکھوں نے جب سے
یہ سانسیں ترے نام کی مالا جپتی ہیں

---

ہمیں چھوڑ کے آ ٹو مل لے ہمارے دُکھوں سے بھی
کہ ہم سے ذرا پہلے غم یہ ہمارے آتے ہیں

---

تری اِس تصویر کا کیا میں کروں
کوئی مانگتا ہے تجھے سنگ اپنے

---

کوئی مانگتا مر گیا حُسن کی بھیک
کسی پر یہ چھپّر ہی پھٹا یکا یک

---

تیری بھی سادگی پر جو مر مٹے ہیں جاناں
جو دیکھتے سولہ سنگھار کدھر کو وہ جاتے

اِتنی اب مُشکل بنا دی گئی ہے زندگی
تُم یہ سچ مانو تو جینے سے بھی ڈر لگتا ہے

---

پڑوس میں سسک رہی تھی زندگی
یا بے خبر تھے لوگ یا بے رحم تھے؟

---

سمجھ ہی نہیں آتا کیا میں کہُوں
مُنافق سمجھ لُوں یا مجبور اِنہیں

---

تیرے مُعطّر اُس وجُود کی قسم
ہم کو وُہ خُوشبُو پھر کبھی نہ آئی

---

اِس ڈر سے بھی کبھی آستیں تک نہیں جھاڑتا ہُوں
کہیں یاں چھپے بیٹھے سانپ بے گھر ہی نہ ہو جائیں

---

نسلوں نے کی تھی خطا
نسلیں بھگت رہی ہیں

ڈرے سہمے ہُوئے یہ لوگ کیا کرنے لگے ہیں
بے وجہ اب دیواروں سے بھی ڈرنے لگے ہیں

---

رہے ہوں گے تیرے بھی دیوانے جاناں بڑے
محفل میں دکھا دے ہو کوئی پروانہ ہم سا

---

یہ رستے تک بچھا دیے تھے قدموں میں تیرے
اِس سے بڑھ کے تُجھے کیا ہم بھی رسائی دیتے

---

ہمارے اِن لفظوں کی صداقت میں کوئی شک ہے؟؟
ترا تو کردار تیرے چہرے پہ ہی لکھا ہے

---

میں اُس کو بدنام کیسے کر دُوں
کبھی تو وہ نام تھا ضِد اپنی

---

وقت کی زنبیل سے چُرائے تھے کُچھ پل
وقت پھر اِکبار سر پہ آن کھڑا ہے

آسماں چھونے میں کوئی قباحت تو نہیں ہے
پر یہ زمیں دھیرے سے کھسک تو جائے گی

---

دل اب تک ہی گومگو کے عالم میں ہے
تُو ملا ہوتا تو کیا ہوتا کیسے ہوتا ؟

---

وُہ نگاہوں سے کرتے ہیں بات اب کُچھ ایسی ادا سے
آنکھوں آنکھوں میں تول کے مار ہی ڈالتے ہیں

---

آخر کیا مل گیا تُم کو پرکھ کے ہمیں
ہم کو گنوا کے یُوں خُود کو بھی مٹا ہی دیا

---

شہر بھر کے ہاتھ میں تیر تھے کمانیں تھیں
میرے بھی تو پاس یہ دل تھا اور جگر بھی تھا

---

اپنی قامت کے جنُوں میں اِن بونوں نے
اپنے سائے تک بڑے کر کے دِکھا ڈالے

کیا دیواریں اُٹھاؤ گے فلک تک؟؟
میں ہُوں مانو پسِ دیوار بھی تو ہُوں

---

تُجھ میں مُجھ میں ایک انتر ہے
ہے تُو مُنافق ہی میں نہیں ہُوں

---

دائرے کا ہے سفر
آج میں ہُوں کل تُو ہے

---

ہم کو اے دوست وُہ قسمیں وعدے لوٹا دے
اِس زندگی نے باندھی ہے زنجیر کیا کریں

---

میں تو چراغوں کے سنگ ہُوں رہتا
مُجھ کو ڈرا نہیں پاتے اندھیرے

---

اُس نے کیا پھر سبھی نے کیا رد مُجھے
یُوں میں کُندن بنا مُعتبر ہو گیا

غُلام گردشوں میں یہ سارے ابنِ غُلام
یُوں اپنی باری کے انتظار میں کھڑے ہیں

---

ہاتھ ہی تو ہے زنجیر نہیں ہے
جب بھی چاہو یُوں تُم جھٹ چھڑوا لینا

---

تُم کو ڈرانے والے خائف آپ ہیں
خُود ڈرتے ہیں پہلے ڈراتے پھر وہ ہیں

---

ہو چلے مانُوس اِتنے اب لگتا ہی نہیں
اِن پیروں میں کہیں کوئی زنجیر بھی ہے

---

تُو نے اندھیرے چُنے چھوڑ کر ہمیں
ھم تو سویرے تھے اور صرف تیرے تھے

---

شیطان کی ہے مرضی جو چاہے سو کر گزرے
اِنسان کے پیروں میں اِک زنجیر برابر ہے

قطرے قطرے کو ہمیں ترساتا ہے کیا
حوصلہ کر کے پلا دے یہ مستی ساری

---

یہی زہر جو اُنڈیلا ہے تُو نے سماعتوں میں
یہ کسی دن تیری بے حِس رگوں میں بھی اُترے گا

---

کوئی ترستا ارزانی کو رہا
کوئی فراوانی ہی سے مر گیا

---

دیواروں پہ حسرتیں کندہ تھیں
مکاں خالی تھے، مکیں گمشدہ تھے

---

تُم تو سُود و زیاں کا ہو کرتے حساب
ہم محبت کما کے لُٹا دیتے ہیں

---

زندگی ہے کہ تھکنے بھی نہیں دیتی
سب کے آگے یہ جھکنے بھی نہیں دیتی

تھی کبھی تو رقیب سے ان بن
اب تو سالے پہ ترس آتا ہے

---

ہیں گر سوال تو اُٹھیں گے اور اُٹھ رہے ہیں
اِتنی ڈھٹائی سے آخر تُم جیو گے کب تک ؟

---

نجانے کون چاند پر ہو اُترے تُم
ہمارا چاند تو بغل میں رہتا ہے

---

شام سے ہی دل ہے بُجھا بُجھا
لمبی رات اب کیسے گُزرے گی؟

---

آجکی شام نے کہہ دیا ہے
رات بڑی رنگین ہو گی

---

پہلے تو ہم نے دل سے مارا تھا
اب ہی تُمھیں بل سے ماریں گے

بولا بھی تھا کہ ہے سکون کہاں
ہو تُمہی ناداں بھُول جاتے ہو

---

ساقیا ترے مے خانے میں لُوٹ ہے مچی
جام ہے گدھوں کے پاس رِند خالی ہاتھ ہیں

---

جو بویا تھا کاٹ رہے ہیں
آگ کی خندقیں پاٹ رہے ہیں

---

پیاسی ہی رُوح تک رہی نہ جسم کی تشنگی گئی
چلتے چلے گئے جدھر لے کے یہ زندگی گئی

---

حیرتوں کے وُہ دن گزر گئے
یہ سفینہ اب ڈُوبنے کو ہے؟؟

---

یُوں ہونے کا دلانا ہے مجُھے یقین
تو پھر یہی سمجھ کہیں نہیں ہُوں میں

ہو دستار ہی کس کے سر یہی جھگڑا ہے
ہے سودا کس سر میں کون اب دیکھتا ہے

---

تیرے حُسن کو چار نہ چاند لگا دُوں میں
میری نظروں کو اپنا صدقہ اُتارنے دے

---

اُن سبھی جگہوں سے ہو کے آئے ہیں ہم
آپ نے بس جہاں پاؤں ہی رکھا ہے

---

کیوں ہو سُورج کو اندھیرے سے ڈراتے
جو سمجھتے ہیں اُنہیں کیا ہو بتاتے

---

وہی رہتے ہیں ہاتھ تو چوروں کے
دستانے بدلتے رہتے ہیں

---

رائیگانی رستوں کی ہی نہیں ہوتی فقط
یہ منزلیں بھی دھوکہ دے جایا کرتی ہیں

سامنے رستے تھے اور منزلوں کا تھا فریب
ہم نے رستے چُن لئے منزلوں کو تیاگ کر

---

رائیگاں جاتی ہے جو حُسن کی یہ دولت
اِک ھم فقیروں پہ کرم کیُوں نہیں کرتے

---

آرام پسندوں سے خطرہ کیا
ھم تو پیار بھی پُوچھ کے کرتے ہیں

---

دیکھی ہیں ہم نے وُہ بے نُور آنکھیں
جن میں حسرت کے سوا کُچھ بھی نہ تھا

---

پھر تیرے بعد نہ آیا کوئی نہ آنے دیا
کبھی جو آیا بھی خیالِ غلط اُسے جانے دیا

---

تُم انسانوں سے بھی کرتے ہو نفرت
ہم تو پھُولوں تک سے محبت کرتے ہیں

اب تشفّی کے سوا کچھ بھی نہیں
دل کو تھے جو لوگ بھائے چل دیے

---

اب بھی نہ نکلے تو کہاں کے سُورج ختم ہو
جبر کی کالی ہے رات اور جاں لیوا بھی ہے

---

پُتلیوں کو ہے گماں جس دسترس کا
ڈوریں وُہ سب ہی کسی اور ہاتھ میں ہیں

---

تھپکیاں دے کر سُلا دیتا ہوں میں بچّوں کو اپنے
روٹی مگر خواب میں بھی وُہ مانگتے ہیں مُسلسل

---

ہم تری بزمِ ناز میں آئے ہوتے
پر سُنا ہے تُو پارسا ہو گئی ہے

---

جانے والے کوئی تو سُن کہانی دیتا جا
تھوڑا سا ہمیں ان آنکھوں کا پانی دیتا جا

ہٹا دی ہے یہ چلمن لو
ہمی ہیں، اور ہمی ہم ہیں

---

مے کشوں کو یہ مے کدہ ہے جنّت
خود پہ جنّت حرام کون کرے

---

جس کو پانے میں ہی صدیاں لگی تھیں
دُور ہوتے اُسے لمحہ سا لگا

---

آج تیرے دیکھنے میں فرق ہے
ورنہ دُنیا کو قیامت ہم بھی تھے

---

حیلے بہت کیے میں نے بھی تو دل کی خاطر
شے جو بھی مانگتا تھا شہکار مانگتا تھا

---

تھا جلنا بھی گوارا دل کو روشنی عزیز تھی
دھڑکتا ہی گیا اسے بھی زندگی عزیز تھی

خُوشبو کی ہی تمنّا نے وُہ حال کیا
پھُول تو پھُول، تتلی سے ڈر لگتا ہے

---

پھُولوں نے ڈھائی ہے وُہ قیامت کہ آج
دل کے چھالوں کو تتلی سے ڈر لگتا ہے

---

ضبط کے بندھن سارے ٹُوٹے تو ناظرؔ
اشکوں نے کی بیاں دل پر جو بیت گئی

---

جو کٹ گیا سراب تھا
جو بچ رہا ہے فاصلہ

---

وُہ مچائیں دھماچوکڑی آج ہم
ہاتھ ملتی رہ جائے یہ تنہائی بھی

---

بھیگی پلکیں بھی نہ جن کے قدموں کو روک سکیں
اُن کو کس بات کا اب ہم واسطہ ہی دیتے

یہ بھیگی پلکوں کا رکھا کیا بھرم اُس نے
ہمی تو ناداں سمجھے اُسے محبت ہے

---

اِس عہدِ ملامت میں جی گئے
یہ کیا کم ہے، ہم میں دم ہے

---

میں رختِ سفر بھی تو دُوجا اُٹھا لایا ہوں
غلطی سے کسی اور کی دُنیا اُٹھا لایا ہوں

---

دِل کو تھاما اور شکوہ کیئے بِنا چل بھی دیئے
ترے چاہنے والے پھر ترے چاہنے والے تھے

---

کیا ہی ضدّی لوگ تھے وُہ اور خُودسر بھی تو بلا کے تھے
پہلی مُلاقات میں ہی ساری خُدائی مانگ لیتے تھے

---

سیدھے دل پر رکھے جو قدم کسی نے
اپنا تو سانس لینا محال ہوا

کہیں رستے میں بھٹکا پھرا ہوتا
میں منزل کی مگر آرزو بھی تھا

---

دل کی دھڑکن نے بھی کیا شور مچا رکھا ہے
یہ بھی ہنگامہ تری دید کا اب صدقہ ہے

---

کچھ یوں تکتی ہیں مجھے شوخ نگاہیں اُس کی
جیسے آمادہ وہ پتھر بھی پگھلنے کو ہے

## حضرت امام حسینؑ

سُرخ ہُوا یہ آسماں تب زمیں اشکبار تھی
رو پڑی تھی ہر آنکھ ہی ہر گھڑی بے قرار تھی
ہونے کو تھا وُہ معرکہ اِک جو مثال بن گیا
کربلا تھی، حُسینؑ تھے، پرچموں کی قطار تھی

---

ہے ازل سے خیر و شر کا یہ معرکہ بپا
لہُو آج بھی حُسینی ہے یا یزیدی ہے

---

زمین سوگوار ہے فلک بھی سوگوار ہے
حُسینؑ تیری یاد میں ہر آنکھ اشکبار ہے

## (سانحہءِ پشاور کے معصوم شہیدوں کی نذر)

اُس دِن بڑے معصوم غُنچے تھے ہدف
نو خیز کلیوں کو بھی تھا مسلا گیا

---

وُہ پھُول کہیں تو مہکتے ہوں گے
چمن میں جنہیں مسلا گیا تھا

---

حشر میں مِلوں گا اے میری ماں خُدا حافظ
بخش دینا مُجھ کو اے میری جاں خُدا حافظ

---

اب چمن پر قربان وُہ غُنچے بھی تو ہوئے
جو یہ بھی جانتے تک نہ تھے دہشت کیا بلا ہے؟

# عبدالستار ایدھی کے نام

اِیدھی مسیحائی کا تیری میں کروں تذکرہ اب
میرے تو ناتواں قلم میں وُہ سکت ابھی نہیں

---

کل تک وُہ شخص زِندہ تھا ہم سوگواروں میں
اِنسانیت کی لاش کو ڈھوتا جو پھِرتا تھا

# Also by Azhar Naazir

Rakht-e-Safar By AzharNaazir *** رختِ سفر *** اظہر ناظَر

Watch for more at azharnaazir.blogspot.com.

# About the Author

Azhar Naazir is an eminent contemporary Urdu Poet from Rawalpindi, Pakistan �� who writes modern Urdu Poetry with a classic touch. His actual name is Azhar Iqbal & he uses pen name of Azhar Naazir as well. His DOB. Is 12 th January, 1968. He did his masters in English Literature from Gordon College, Rawalpindi, Pakistan. He has been into journalism & banking as well. Rakht-e-Safar (2024) is his Kuliat(Collection of Urdu Poetry) containing more than 60 Ghazals, 40 plus Nazms & more than 1700 record individual couplets. He also writes E-books in English as well for his international readers by using his actual name.

Read more at azharnaazir.blogspot.com.

www.ingramcontent.com/pod-product-compliance
Lightning Source LLC
LaVergne TN
LVHW090213051026
849517LV00001B/55